Ich widme dieses Buch:

- allen Opfern und deren Angehörigen, die durch solche Straftaten Schlimmes erlebt haben.

- allen Polizeibeamten, die rund um die Uhr für die Sicherheit in unserem schönen Ländle unterwegs sind.

- den Mitarbeitern der Blaulichtorganisationen und der Krankenhäuser. Diese Personen leisten Überdurchschnittliches und bekommen viel zu wenig Anerkennung dafür.

Norbert Schwendinger

Der Chefinspektor i.R. wohnt in Dornbirn, ist begeisterter Cabrio-Fahrer, IT-Freak, Heimwerker und er knackt gerne knifflige Logik-Ratsel.

Vorwort

Was wäre ein Sonntagabend ohne Krimi? Über 10 Millionen Zuschauer verfolgen die meist erfundenen Geschichten, fiebern mit und schlüpfen in die Rolle der Ermittler. Aber die Realität spielt sich in unserer Umgebung, möglicherweise sogar direkt in unserer Nachbarschaft, ab. Und die Klärung dieser spannenden Fälle ist eine Herausforderung.

In meiner Zeit als Leiter des Morddezernats ereigneten sich viele aufsehenerregende Delikte, die es aufzuklären galt. Neben der Ermittlung und Überführung der Täter war es eine Kernaufgabe den Opfern und deren Angehörigen zu helfen. Neben kriminalistischem Gespür, war daher auch viel Feingefühl und Empathie gefragt.

Auch wenn das Buch ein Blick hinter die Kulissen der Polizeiarbeit sein soll, bleiben viele Details ausgespart. Das hat einerseits mit dem Amtsgeheimnis – wir wollen schließlich nicht alle Möglichkeiten der Ermittlungsarbeit preisgeben – und andererseits mit dem Datenschutz zu tun. Aus Rücksicht auf die Opfer und deren Angehörige wurden zudem die Namen der Opfer, Zeugen und Täter durch andere Vornamen ersetzt. Zum besseren Verständnis bzw. um die Geschichte inhaltlich schlüssig zu erzählen, wurden die Fakten teilweise mit von mir frei erfundenen Textpassagen ergänzt und interpretiert. Zur leichteren Lesbarkeit gilt in diesem Buch bei allen personenbezogenen Bezeichnungen die gewählte Form für beide Geschlechter.

Ich freue mich über Ihr Interesse am TATORT VORARLBERG und wünsche Ihnen spannende Stunden beim Lesen!

Ihr Norbert Schwendinger,
Chefinspektor i.R.

PS: Über Ihr Feedback zu meinem Buch freue ich mich!
krimi@vol.at

Vorwort von Reinhard Haller

Kriminalgeschichten faszinieren. Erst recht, wenn es sich um *„True Crime"* handelt. Und ganz besonders, wenn sie von einem erzählt werden, der sie selbst erlebt hat. Der fast von Anfang an und fast immer bis zum Ende dabei gewesen ist. Nicht als Täter oder Opfer, nicht als Journalist oder Autor, auch nicht als Staatsanwalt oder Richter. Nein, sondern als Ermittler, als Leiter einer Mordkommission, als Kriminalbeamter mit Leib und Seele – und mit einem enormen Erfahrungsschatz. Wie kaum ein anderer war Norbert Schwendinger viel mehr als ein eifriger Polizist, als ein harter Verfolger, mehr als ein reiner *„Spürhund"* oder als ein kriminologischer Technokrat, mehr noch als ein Wahrheits- und Gerechtigkeitsidealist. Er war – und dies kann ich aus jahrelanger hervorragender Zusammenarbeit sagen – ein ganzheitlich denkender und handelnder Kriminalist, der immer auch die psychologischen und sozialen Hintergründe eines Verbrechens erfassen wollte, der nie das Menschsein aller Beteiligter, seien es nun Täter oder Opfer, vergessen hat und stets die Würde der involvierten Personen, auch wenn sie etwas noch so Verbrecherisches getan haben, im Auge behalten hat.

Verbrechen ist Psychologie pur. Hier spielt sich all das, was Empfinden, Fühlen und Verhalten des menschlichen Wesens ausmacht, in verdichteter Form ab: Eifersucht, Neid, Gier, Rache, Wut und Hass, Gekränktheit, Leidenschaft sowie Angst vor Macht- und besonders vor Liebesverlust. Nirgends zeigen sich die Spannungen in einer Partnerschaft, die Eltern-Kind-Übertragungen, die Dynamiken in einer Gruppe, das hässliche Gesicht von Alkohol und Drogen, oft sogar die menschliche Verzweiflung konzentrierter als in den Verbrechensdramen. Straftaten demonstrieren uns aber auch die destruktiven, die sadistischen, die asozialen Züge der Menschen und lassen uns einen Blick in die seelischen Abgründe werfen. Vielleicht erklärt sich die einleitend genannte Faszination des Verbrechens aus dessen Spiegelfunktion: Wir bekommen hier Vieles von dem reflektiert, was wir ein Stück weit in uns selbst vermuten. Sie lassen uns einen Blick werfen in die verschatteten Anteile unseres Unbewussten, in die seelischen Abgründe, letztlich in uns selbst.

Die Erzählungen von Norbert Schwendinger sind aber auch ein historischer Abriss der Kriminal- und damit der Sozialgeschichte unseres Landes. Durchgehend können wir dem Autor über die Schulter des Kriminalisten blicken und uns mit der handwerklichen Arbeit des Ermittlers, mit seinem Denken und seinen Motiven, mit der oft mühseligen Kleinarbeit, aber auch mit den modernen Methoden der Fahndung, der Kriminaltechnik und der forensischen Wissenschaften vertraut machen. Die ist viel spannender als die 1000. Folge des Tatorts am Sonntagabend.

Norbert Schwendinger kann die Verbrechen gesamtheitlich erfassen, jetzt aus der nicht mehr verfälschenden Distanz des pensionierten Kommissars, einer in Kriminalroman und Kriminalfilm sehr beliebten Gestalt, die noch etwas zu erledigen hat: Die Aufklärung eines dunkel gebliebenen Verbrechens, das Zuklappen eines noch nicht erledigten Aktes, die Weitergabe von Wissen an seinen Nachfolger. Oder – wie es Norbert Schwendinger macht – die außergewöhnlichsten Kriminalfälle des Tatorts Vorarlberg seinen Landsleuten und allen, die an der Psychologie des Verbrechens interessiert sind, auf höchst kompetente Weise zu erzählen.

Univ. Prof. Dr. Reinhard Haller

Vorwort von Walter Rabl

Die Rekonstruktion unklarer Verletzungsbilder und die Klärung von Todesfällen, bei denen eine Fremdeinwirkung nicht ausgeschlossen ist, erfordert die intensive Zusammenarbeit zwischen Kriminalpolizei und Gerichtsmedizin. Anders als es bei vielen Fernsehserien und auch Filmen suggeriert wird, ist der Gerichtsmediziner nicht die Person, die am Tatort unter dem Motto „*aus dem Weg, ich bin Arzt!*" erscheint und die Fälle klärt. Dies gelingt nur deshalb, weil man bei Film und Fernsehen ein konkretes Drehbuch zur Verfügung hat.

Das wirkliche Leben verläuft ohne ein solches Drehbuch. Die Bearbeitung von Kriminalfällen ist eine Teamarbeit. Schon bevor der Gerichtsmediziner zum Einsatz kommt, hat die Polizei bereits umfangreiche Erhebungen und Untersuchungen am Tatort durchgeführt, Zeugen einvernommen und erste Spuren gesichert. Der forensische Mediziner kann dann die medizinischen Aspekte des Falles dokumentieren, Verletzungsmuster interpretieren und begutachten und so zur Aufklärung beitragen. Nach Abschluss der gerichtsmedizinischen Tätigkeiten, die neben körperlicher Untersuchung, äußerer und innerer Leichenschau auch mikroskopische Untersuchungen, chemisch-toxikologische Analysen hinsichtlich Alkohol, Medikamenten und Suchtmitteln sowie spurenkundlich-molekularbiologische Analysen umfasst, geht die Arbeit der Kriminalisten weiter. Anhand der im vorliegenden Buch dargestellten realen Kriminalfälle schildert der Autor die konkreten Entscheidungsabläufe und Tätigkeiten der Kriminalpolizei und gibt interessante Einblicke in die jeweiligen Situationen und Entscheidungen der dargestellten Fälle.

Für mich als Gerichtsmediziner, der bei einigen der geschilderten Fälle an der Untersuchung und Fallbearbeitung mit beteiligt war, ist es interessant, die Einzelheiten und Ergebnisse der Fallbearbeitung einmal direkt aus der Sicht und Perspektive des Chefermittlers miterleben zu können. Daraus ergeben sich neue Aspekte, die für die forensischen Untersuchungen künftiger Fälle durchaus hilfreich sind.

Die Lektüre des vorliegenden Buchs kann allen empfohlen werden, die gerne Kriminalromane lesen – dazu gehöre auch ich – und die schon immer wissen wollten, wie die Bearbeitung eines Kriminalfalls ohne Drehbuch in der Realität tatsächlich abläuft.

In diesem Sinne wünsche ich dem Chefinspektor, meinem geschätzten Kollegen Norbert, alles Gute für die weitere Zukunft und kann mir durchaus vorstellen, dass es eine Fortsetzung dieses Erstlingswerk geben könnte. Ich kann mich noch an den einen oder anderen Kriminalfall im Ländle erinnern, der vom Chefinspektor bearbeitet und gelöst, aber im vorliegenden Buch noch nicht näher beschrieben wurde.

a.Univ.Prof. Dr. Walter Rabl

Inhaltsverzeichnis

Vorwort Norbert Schwendinger	5
Vorwort von Reinhard Haller	6
Vorwort von Walter Rabl	8
Unter dem Zwang der Dämonen	13
War es mal Liebe?	29
Sein letzter Geburtstag	37
Amoklauf am Rosenmontag	57
Schüsse peitschten durch die Nacht	79
Messerattacke am Nachmittag	97
Geiselnahme und Entführung	109
Albtraum im Schlafzimmer	123
Tanz im mörderischen Kugelhagel	137
Ich möchte einen Mord melden!	155
Im Dunkel der Nacht	167
Ausnahmezustand im Unterland	177
Dank	198
Glossar	199

Stiefsohn stach über 70 Mal zu

■ **Obduktionsbericht nach Bluttat in Feldkirch liefert erschreckende Details.**

Feldkirch Staatsanwalt

Die hohe Zahl an Messerstichen spricht für eine heftige Erregung, welche aus einem länger dauernden Vorkonflikt resultiert und durch einen aktuellen Streit gleichsam zum „Überkochen" gekommen ist.

Er habe die Wohnung des Opfers mit zwei Messern aufgesucht, heißt es bei der Polizei. Über das Motiv und den Tathergang ist noch nichts Genaues bekannt.

Unter dem Zwang der Dämonen

Vorgeschichte

Der 28-jährige Kadir wohnte im gleichen Haus – in der Wohnung gegenüber – wie seine Mutter Alya. Als Sorgenkind seiner Mutter arbeitete er selten, wenn er eine Arbeitsstelle fand, dann hielt er es dort nicht lange aus. Seine Mutter war Besitzerin einer Reinigung, sie bot ihm sogar eine Stelle in ihrem Geschäft an, aber auch das hielt er nur knapp zwei Monate durch.

Früher in der Schule war es nicht viel besser, er war eigentlich immer ein Außenseiter. Daran waren aber, da war die 46-jährige Alya überzeugt, nicht die Mitschüler schuld, nein, Kadir hatte sich immer mehr zurückgezogen.

In den letzten Monaten hat er sich oft in sein Zimmer verkrochen. Er traf eigentlich nur noch zwei seiner Kollegen und diese sehr unregelmäßig. Die beiden jungen Männer waren nett, arbeiteten und lebten unauffällig. Unauffällig lebte Kadir ja eigentlich auch, aber sein Leben spielte sich eben meist nur in seiner kleinen Wohnung ab. Seit ungefähr sechs Jahren fühlte er sich zum Islam hingezogen und las viel im Koran.

Alya hätte damit kein Problem gehabt, wenn er sich nur sonst normal verhalten hätte. Ganz schlimm wurde es, als sie ihren neuen Mann Kurt kennenlernte und er zu ihr in ihre Wohnung zog. Zwischen Kurt und Kadir krachte es von Anfang an. Kurt war 59 Jahre alt und schon in Rente, daher hielt er sich auch viel zuhause auf. Ihn störte es, dass Kadir, wie Kurt immer wieder sagte, einfach nur zu faul zum Arbeiten sei. Auch hatte er kein Verständnis dafür, dass seine Frau ihren Sohn aus erster Ehe immer wieder in Schutz nahm.

Immer wieder gab es kleine und ab und zu auch größere Auseinandersetzungen zwischen den beiden Männern.

26. Oktober 2008

Am 26. Oktober 2008 kam es wieder einmal zum Streit zwischen Kadir und seinem Stiefvater. Die Auseinandersetzung drehte sich um Kurts übliche Vorwürfe, dass Kadir endlich arbeiten und sein eigenes Geld verdienen solle. Dann müsse er nicht immer seine Mutter anbetteln, wenn das Arbeitslosengeld mal wieder nicht reiche.

Wütend verließ Kadir die Wohnung, die Eingangstüre knallte er mit voller Wucht zu. Alya beobachtete etwas später, dass die beiden Freunde ihres Sohnes ins Haus kamen.

Kadir hatte mit Alvis und Demir telefoniert und sie gebeten, dringend zu ihm zu kommen. Einen konkreten Grund nannte er nicht. Sie waren zwar gute Kollegen, aber es gab ihnen zu denken, dass sich Kadir in eine eigene Welt zurückgezogen und dabei offensichtlich psychische Schwierigkeiten hatte. Anfänglich dachten sie sich noch, dass dies auf den Glaubenswechsel zurückzuführen war. Später stellten sie dann aber fest, dass ihn vor allem die Gewaltspiele, die er heiß liebte, veränderten.

Als sie in der Wohnung ankamen, war Kadir sehr wütend, sein Stiefvater habe ihn wieder einmal geärgert.

Kadir jammerte ihnen vor, dass ihn niemand verstehe. Sie müssten ihn retten, es würden in der Nacht irgendwelche Mörder zu ihm kommen. Er sei der Retter der Menschheit, jeder müsse ihm folgen, sonst sei die Bevölkerung verloren.

Alvis und Demir waren es schon gewohnt, dass Kadir Wahnvorstellungen hatte, halluzinierte und nahmen ihn nicht mehr ernst. Sie hatten ihm auch schon geraten, ärztliche Hilfe in Anspruch zu nehmen. Er rastete richtig aus und schrie und tobte.

Der Abend war schwierig. Kadir hatte immer wieder das Gleiche erzählt, Kommentare und Einwände wollte er nicht hören. Irgendwann wurde es den beiden Freunden zu blöd und sie gingen gegen Mitternacht nach Hause. Sie hatten es immerhin geschafft, dass Kadir einigermaßen ruhig geworden war.

27. Oktober 2008, der Tattag

Kurt und seine Frau standen an diesem Tag früh auf, sie hatten noch etwas zu erledigen. Kurz nach sechs Uhr kam Kadir in die Wohnung des Ehepaars. Er hatte selbst einen Schlüssel, was Kurt zwar störte, aber um des Friedens willen tolerierte. Kadir setzte sich zu Alya und Kurt an den Tisch.

Als sein Stiefvater und seine Mutter die Wohnung verließen, ging auch er zurück in seine Wohnung. Kadir nahm den Koran zur Hand und vertiefte sich darin. Wenn er darin las, vergaß er die Zeit.

Als er das nächste Mal auf die Uhr sah, war es kurz nach 13 Uhr.

Nachdem er eine Kleinigkeit gegessen hatte, ging Kadir in die Wohnung seiner Mutter, um seine saubere Wäsche zu holen. Er sperrte mit seinem Schlüssel auf und sah seinen Stiefvater, der auf der Couch seinen Mittagschlaf machte.

Kurt schreckte hoch und schrie Kadir an, dass er aus der Wohnung verschwinden solle. Er habe hier nichts zu suchen. Seinen Schlüssel solle er auch gleich auf den Tisch legen.

Das war zu viel für Kadir. Jetzt hatte er schon wieder Streit mit seinem Stiefvater, mit diesem Mann konnte man einfach nicht auskommen. Ich muss meine Mutter von diesem Tyrannen erlösen, dachte sich Kadir.

Plötzlich hörte er Stimmen. Diese Geister und Dämonen hätten immer wieder auf ihn eingeredet und ihn in seiner Entscheidung bestärkt, sagte er später aus.

Kadir verließ aufgebracht das Zimmer und ging in seine Wohnung zurück.

Seinen Entschluss hatte er bereits gefasst, er musste seinen Stiefvater töten, er musste die Welt von diesem Mann erlösen. Dieser Mann war einfach nur böse.

In seiner Wohnung nahm er drei Messer. Er steckte ein Klappmesser sowie zwei weitere Messer in seine Hosentaschen.

Fest entschlossen, die Welt von diesem Dämon zu befreien, verließ er seine Wohnung und ging wieder zurück in die Wohnung seiner Mutter.

Kaum hatte er die Wohnung betreten, entbrannte der Streit von Neuem. Kurt hatte es satt, er wollte mit seinem Stiefsohn nichts mehr zu tun haben, er schrie Kadir erneut an, dass er die Wohnung verlassen solle. Er wolle ihn nicht mehr sehen.

Das Verhalten seines Stiefvaters bestärkte Kadir und auch die Stimmen in seinem Kopf sagten Kadir immer wieder, dass er es jetzt *„machen"* müsse. Er zog eines der Messer, es hatte einen schwarzen Griff, ging auf Kurt zu und stach, ohne auch nur ein Wort zu sagen, wahllos auf den Kopf des am Tisch sitzenden Mannes ein. Kurt konnte den Angriff zuerst nicht abwehren, da er seitlich saß und erst zu spät sah, dass Kadir mit einem Messer auf ihn zu rannte.

Kurt spürte stechende Schmerzen. Er sah kurz in die Augen seines Stiefsohns, er konnte den Hass in seinen Augen erkennen und sein Gesicht war zu einer Fratze zusammengezogen. Er wusste, er musste sich jetzt wehren. Kadir war total im Wahn.

Kurt versuchte, die weiteren Messerangriffe von Kadir abzuwehren. Obwohl er Stiche und Schnitte am rechten Arm abbekam, versuchte er die Hand mit dem Messer abzufangen. Davor gelang es ihm, vom Tisch aufzustehen. Er hielt die Hand, so gut er konnte, fest. Die Auseinandersetzung artete in einen richtigen Ringkampf aus. Kadir versuchte, sich aus dem Griff zu befreien, während Kurt auf ihn einredete und vor Schmerzen schrie.

Aber Kadir war nicht bei sich, er hatte sich in eine Art Trance versetzt, er reagierte auf nichts mehr. Er hatte offensichtlich nur das eine Ziel: zustechen und töten.

Kurt hatte Kadirs Hand so fest im Griff, dass er mit dieser handlungsunfähig war. Er sah nicht, dass Kadir nun mit der linken Hand in seine andere Hosentasche griff, ein silbriges Klappmesser herauszog und es mit seiner linken Hand öffnete. Der Kampf hatte sich zwischenzeitlich auf den Boden verlagert. Kurt lag auf dem Rücken, Kadir kniete schräg über ihm und versuchte, die rechte Hand freizubekommen. Erfolglos, Kurt hielt die Hand wie in einem Schraubstock fixiert.

Plötzlich spürte Kurt einen Stich im Brustbereich. Kadir stach mit dem Klappmesser, das er in der linken Hand hielt, auf den am Boden liegenden Mann ein. Einmal, zweimal, unzählige Male stach er mit dem Messer zu. Kadir stach zu, bis sein Gegenüber regungslos liegen blieb.

Bei der später durchgeführten Obduktion wurden mindestens 74 Messerstiche in Kurts Körper gezählt. Die Stiche wurden größtenteils mit enormem Kraftaufwand ausgeführt. Es zeigte sich ganz deutlich, dass Kadir großen Hass auf seinen Stiefvater gehabt hatte. Kadir musste in einen richtigen Todesrausch gekommen sein. Er hatte sich schon lange nicht mehr unter Kontrolle.

Kadir schilderte bei seiner Einvernahme, dass er – nachdem er den Dämon endlich getötet und somit die Welt gerettet hatte – ins Badezimmer der Wohnung seiner Mutter gegangen war. Dort hatte er seine Kleidung ausgezogen und duschte. Er war ja voller Blut, was auch nicht verwunderlich war, da es in dem Zimmer, in dem die Tat begangen worden war, wie auf einem Schlachtfeld ausgesehen hatte. Überall Blut, am Boden waren riesige Blutflecken, Kurts lebloser Körper war komplett mit Blut bedeckt.

Kadir wusste selbst nicht genau, wie lange er heiß geduscht hatte, um das Blut von seinem Körper zu waschen. Danach ging er nackt ins

Schlafzimmer zurück und nahm die Tagesdecke vom Bett.

Er rückte ein paar Stühle beiseite, legte die Decke auf dem Boden aus und rollte die Leiche darauf. Kadir ergriff die eine Seite der Decke und zog diese hoch So konnte er die Leiche in die Decke einwickeln. Er nahm eine Schnur und verschnürte die Decke am Kopf und an den Beinen des Mannes, zusätzlich band er die Decke auch im Bereich des Bauches zusammen.

Wie ein großes Paket verschnürt, zog er die Decke mit dem blutigen Inhalt ins Badezimmer und warf sie zwischen das WC und die Waschmaschine.

Danach verließ er – ohne zurückzuschauen – die Wohnung. Zurück in seiner Wohnung bemerkte er, dass er noch nackt war und zog sich frische Kleidung an. Er spürte keine Panik, er hatte ja der Menschheit einen Dienst erwiesen.

Kadir rief Alvis an und forderte ihn auf, zu ihm in die Wohnung zu kommen. Gleich nach Betreten der Wohnung erzählte Kadir seinem Freund von seiner Tat. Er erwähnte immer wieder, dass er das habe machen müssen. Stimmen hätten ihm das gesagt, zudem habe er die Menschheit vom Bösen erlösen müssen. Auf Alvis wirkte Kadir recht gut gelaunt, er war redselig, mehr als er dies sonst gewohnt war.

Nach kurzer Zeit hörten die beiden Männer ein Auto zum Haus fahren. Kadir schaute aus dem Fenster und sagte Alvis, dass seine Mutter komme. Er passte Alya vor ihrer Wohnung ab und forderte sie auf, in seine Wohnung zu kommen. Kaum hatte die Frau in der Küche Platz genommen, erzählte ihr Kadir mit einem Lächeln, dass er Kurt erstochen habe. Alya glaubte zuerst nicht, was Kadir ihr sagte. Sie war schockiert, zeigte aber keine Regung. Sie wollte in ihre Wohnung rennen, wurde von Kadir aber zurückgehalten. Dann rief sie Alvis zu, dass er sofort die Polizei rufen solle.

Alvis rannte aus dem Haus, traf den Hausbesitzer und erzählte ihm von Kadirs Mord, worauf dieser sofort den Notruf rief.

Polizeieinsatz

Eine Streife der Polizeiinspektion Feldkirch war gut zwei Kilometer vom Tatort entfernt, als sie der Funkspruch der BLS erreichte. Eine sehr erfahrene Kollegin, die an diesem Tag mit zwei *„Jungpolizisten"* unterwegs war, fuhr mit Blaulicht und Sirene zum Tatort. An der angegebenen Adresse trafen sie zuerst auf den Hausbesitzer, der mit seiner Partnerin vor dem Haus stand, und dann auf Alvis. Unmittelbar danach traf noch eine zweite Streife der Polizeiinspektion ein.

Alvis informierte die Polizisten, dass sein Freund Kadir behauptet, seinen Stiefvater erstochen zu haben. Aufgrund der unklaren Situation sicherten zwei Beamte den Tatort ab, die anderen drei Beamten rannten in den oberen Stock. Die linke Wohnungstüre stand offen, sie zogen ihre Dienstwaffen aus dem Holster, da sie nicht wussten, was sie in der Wohnung erwarten würde.

Gleich beim Betreten der Wohnung sahen sie einen Mann und eine Frau am Tisch sitzen. Sie forderten die Personen auf, die Hände hochzunehmen. Beide Personen kamen der Aufforderung nach. Kadir erklärte den Beamten, dass er die Welt gerettet habe. Er habe einen Dämon getötet. Er ließ sich widerstandslos festnehmen.

Alya sagte den Beamten, dass es in ihrer Wohnung passiert sein müsse. Während ein Beamter den festgenommen Kadir bewachte, gingen die beiden anderen in die gegenüberliegende Wohnung.

Im Esszimmer sahen sie eine große Blutlache auf dem Boden. Die Schleifspuren am Boden führten sie ins Badezimmer. Dort fanden sie einen vorerst undefinierbaren Gegenstand, der in eine Decke eingewickelt und verschnürt war. Gleich nachdem sie an einem Ende die Schnur gelöst hatten, blickten sie in ein blutverschmiertes Gesicht mit zahlreichen Messerstichen. Der junge Kollege erschrak, er hatte so etwas noch nie gesehen.

Kurz nachdem sie die Leiche entdeckt hatten, trafen der Notarzt und die Rettung ein. Der Notarzt konnte jedoch nur noch den Tod des Mannes feststellen.

> Umgehend startete der „Polizeiprozess". Die Polizisten teilten der BLS den Sachverhalt per Telefon mit. In diesen Fällen war es gut, dass die Beamten Diensthandys hatten, früher war es immer wieder ein Problem, wenn solche Sachverhalte per Funk weitergegeben wurden. Man wusste ja nie genau, wer den Funk der Polizei abhörte.

Der Beamte in der BLS verständigte gleich darauf den KKD und den Journaldienst des Landeskriminalamtes. Dieser wiederum verständigte die Gruppe Leib/Leben (besser bekannt unter dem Namen „*Morddezernat*") und die Tatortgruppe.

Mein Stellvertreter rief mich sofort an, nachdem er über den offensichtlichen Mord informiert worden war. Gemeinsam fuhren wir nach Feldkirch. Bei unserem Eintreffen waren bereits Medienvertreter vor dem Haus, die um ein Interview baten, aber akzeptierten, dass wir uns zuerst ein Bild des Sachverhalts machen mussten. Die Kollegen der PI Feldkirch informierten uns über die vorgefundene Situation und die Festnahme des Beschuldigten.

Wir gingen ins Haus, um den Tatort anzuschauen.

> Dies ist ein „Muss" für jeden Kriminalisten. Man muss den Tatort gesehen haben, damit man später bei der Vernehmung entsprechende Fragen stellen kann. Nur dann kann man auch beurteilen, ob der Beschuldigte die Wahrheit sagt oder eventuell lügt.
> Zudem kann man nur nach einer Besichtigung des Tatortes allfällige spezielle Fragen, die ein Staatsanwalt unter Umständen hat, beantworten. Zu guter Letzt benötigt auch der Gerichtsmediziner zusätzlich zu den Tatortbildern noch gewisse Informationen, damit er zur Tathandlung etwas sagen kann.

Die Spurensicherer mit ihren weißen Overalls waren bereits mitten in der Arbeit. Dennoch war für sie in Ordnung, dass wir den Tatort kurz besichtigten.

In der Wohnung schaute es wirklich wild aus: umgeworfene Stühle,

Besteck auf dem Boden, Blutspritzer an den Wänden und Blutlachen auf dem Boden. Es musste ein heftiger Kampf stattgefunden haben. Das konnten uns die Spurensicherer auch bestätigen. Die Kolleginnen und Kollegen waren nicht zu beneiden, bei der Lage am Tatort erwartete sie viel Arbeit.

Neben der Sicherung der Spuren sowie dem Anfertigen der Fotos mussten alle Tätigkeiten bis ins letzte Detail schriftlich festgehalten waren.

Bevor wir das Zimmer verließen, zeigte mir der Tatortchef insgesamt drei Messer. Er sagte mir, wo er die beiden blutverschmierten Messer gefunden hatte. Das dritte Messer hatten die Spurensicherer in der Jogginghose des Beschuldigten, die blutverschmiert im Badezimmer lag, gefunden. Auf dem Messer konnte kein Blut festgestellt werden, es dürfte also nicht verwendet worden sein.

Nach der Besichtigung des Tatortes teilte ich den Ersteinschreitern mit, dass wir, das „*Morddezernat*", die Fallbearbeitung übernehmen werden. Ich ersuchte die Kollegen der örtlichen Polizeiinspektion, dass sie möglichst noch am gleichen Tag ihre Wahrnehmungen in Form von Aktenvermerken festhalten und mir diese per Mail übermitteln sollten.

Die Vernehmung der Zeugen, Kadirs Mutter und Alvis, folgten. Auch die Einvernahme des Täters sollte so rasch wie möglich erfolgen. Die Beamten der Cobra überstellten den Häftling zum Landeskriminalamt nach Bregenz.

Einvernahme des Täters

Überraschenderweise gestaltete sich die Einvernahme des Täters einfacher als angenommen. Kadir kam, nachdem das Vernehmungsteam ein kurzes Gespräch mit ihm geführt hatte, in einen richtigen Redefluss. Er schilderte recht genau, was sich an dem Tag in der Wohnung abgespielt hatte. Er erzählte von sich aus von seinem Hass auf seinen Stiefvater. Dieser habe ihn immer bevormundet und sich nur von seiner

Mutter aushalten lassen. Aber seine Mutter sei eine gute Frau, die dies nie so gesehen habe. Er habe die ständigen Nörgeleien seines Stiefvaters nicht mehr ausgehalten. Er habe oft im Koran gelesen und gebetet. Dadurch habe er vor einigen Jahren zu seinem neuen Glauben gefunden. Seit Wochen würden Stimmen mit ihm sprechen, diese Stimmen hätten ihm auch gesagt, dass er diese Welt retten müsse. Er müsse die Welt vor den Geistern und Dämonen beschützen und dieses Wesen vernichten.

Genau das habe er heute Morgen gemacht, er habe mit dem größten Dämon, seinem Stiefvater, gekämpft und habe seine Mutter und alle anderen von dem bösen Mann erlöst.

Er verstehe nicht, warum er jetzt als Verbrecher behandelt werde, er habe doch nur etwas Gutes gemacht. Er habe sich gegenüber den Polizisten, die in seine Wohnung gekommen seien, höflich verhalten. Sie hätten ihm aber gleich Handschellen angelegt. Dann sei er von dunkel gekleideten und maskierten Personen abtransportiert worden, das habe er nicht verstanden. Er habe ja nichts verbrochen.

Kadir verhielt sich auch während der Vernehmung anständig. Er machte auch keinen Wirbel, als er nach der Vernehmung in eine Arrestzelle des LKA Vorarlberg gebracht wurde. Sein einziger Kommentar war, dass er doch nichts Böses gemacht habe.

Während der Nacht schlief er durch. Er wurde mehrfach von den Journaldienstbeamten – laut Vorschrift – kontrolliert. Kadir wurde immer schlafend angetroffen. Am Morgen war er ruhig und bedankte sich für den Kaffee und die beiden Brötchen, die ihm die Beamten brachten.

Zeugenvernehmungen

Die Vernehmungen wurden aufgeteilt. Die Kollegen der PI Feldkirch erklärten sich bereit, den Hausbesitzer und dessen Partnerin als Zeugen schriftlich zu vernehmen. Die Vernehmung von Kadirs Freunden und seiner Mutter übernahmen die LKA-Beamten.

Alya, die Mutter des Beschuldigten, gab an, dass sich Kadir bereits am Vorabend komisch verhalten habe, er habe ihr gesagt, dass sie das Haus verlassen müssten, da Mörder kommen und ihn holen würden.

Nachdem sie ihren Sohn am Morgen kurz gesehen hatte, sei sie in ihr Geschäft gegangen und habe dort gearbeitet. Später habe sie noch eingekauft. Zuhause habe sie sich gewundert, dass das Auto ihres Mannes schon vor der Türe gestanden sei. Normalerweise sei er um diese Zeit, kurz nach Mittag, noch unterwegs gewesen.

Sie habe die Post aus dem Briefkasten genommen und sei in den 1. Stock der Wohnanlage gegangen. Die Eingangstüre ließ sich nicht aufsperren, auf das Klingeln habe auch niemand reagiert. Sie habe sich gewundert, eigentlich sei ihr alles komisch vorgekommen.

Plötzlich sei Kadir aus seiner Wohnung gekommen und habe sie in seine Wohnung gezogen. In der Wohnung habe Alvis am Tisch gesessen. Leise, aber mit einem gewissen Lächeln im Gesicht, habe Kadir ihr gesagt, dass er Kurt erstochen habe.

Alvis gab bei seiner Vernehmung an, dass es ihm komisch vorgekommen sei, dass Kadir ihn kurz nach Mittag angerufen habe. Das würde er sonst nie machen. Trotzdem sei er gleich zu Kadir gefahren. Nach dem Läuten habe Kadir, nur mit einer Unterhose bekleidet, geöffnet und ihn gefragt, ob er *„mit guten Absichten"* kommen würde. Er habe bei Kadir Blut an den Fingern und mehrere Kratzer an den Händen und Füßen gesehen.

Kadir habe ihm gleich gesagt, dass er mit dem Teufel gekämpft habe und ihm auch erklärt, dass er der Messias und der auserwählte Menschenretter sei. Ein vernünftiges Gespräch mit Kadir sei nicht möglich gewesen.

Alvis erklärte, dass er froh gewesen sei, als Kadirs Mutter nach etwa zehn Minuten gekommen sei, da Kadir die ganze Zeit nur komische Sachen geredet habe. Als Kadir seine Mutter in die Wohnung gezogen habe, habe er ihr gesagt, dass er 200 Mal auf Kurt eingestochen habe.

Alvis habe daraufhin die Wohnung verlassen und den Hausbesitzer gebeten, die Polizei zu holen.

Demir, der am Vorabend mit Alvis in Kadirs Wohnung gewesen war, gab zu Protokoll, dass er schon lange mit Kadir befreundet sei. In letzter Zeit hätten sie sich aber kaum gesehen, da Kadir etwas komisch geworden sei. An diesem Abend habe Kadir immer wieder davon gesprochen, dass er der Messias, der Auserwählte und der Menschenretter sei. Er habe eine Vorahnung, dass in der Nacht noch etwas passiere.

Alvis habe ihn dann am nächsten Tag angerufen und aufgefordert, sofort in Kadirs Wohnung zu kommen. Da Alvis so energisch gewesen sei, sei er dann auch direkt zur Wohnung gefahren. Bei seinem Eintreffen sei die Polizei bereits vor Ort gewesen. Kadir habe er auf dem Rücksitz eines Polizeiautos gesehen.

Staatsanwaltschaft

 Zu einer guten Zusammenarbeit gehört, dass man den Journalstaatsanwalt recht schnell vom Sachverhalt in Kenntnis setzt.

Nach der Schilderung des Sachverhaltes und der Besprechung der weiteren Maßnahmen ordnete der Staatsanwalt die Obduktion der Leiche an. Weiters ordnete der Staatsanwalt an, dass der Beschuldigte vom Psychiater Dr. Reinhard Haller hinsichtlich der Zurechnungsfähigkeit begutachtet wird.

Für die Auswertung der sichergestellten EDV-Geräte sowie der Mobiltelefone war keine Anordnung seitens der Staatsanwaltschaft erforderlich, da der Beschuldigte freiwillig der Auswertung zustimmte. Die Auswertung sämtlicher Geräte ergab für den unmittelbaren Sachverhalt keine Erkenntnisse. Es zeigte sich aber deutlich, dass Kadir einen Hang zu Gewaltspielen hatte. Auch konnten mehrere Filme, in denen jeweils Gewalt das Hauptthema war, auf dem Computer festgestellt werden.

Obduktion

Die Obduktionen werden normalerweise in Innsbruck durchgeführt. Das Gerichtsmedizinische Institut der Medizinischen Universität Innsbruck hat dort seinen Sitz.
Die räumliche Entfernung ist für die Vorarlberger Exekutive nicht immer leicht. Da es nicht nur zweckmäßig, sondern meiner Meinung nach auch zwingend notwendig ist, dass die Sachbearbeiter und auch die Spurensicherer bei der Obduktion anwesend sind, muss die Zeit gut eingeteilt werden. Es ist für mich klar, dass es auch für den Obduzenten wichtig ist, dass er mit den Sachbearbeitern bei der Obduktion reden kann, damit der Ablauf der Tat einigermaßen nachvollziehbar dargestellt werden kann.
Seitens der Gerichtsmedizin wird nach der Obduktion und den entsprechenden Untersuchungen der Staatsanwaltschaft ein Gutachten vorgelegt.
Bei der Gerichtsverhandlung wird der Gerichtsmediziner als Sachverständiger geladen. In der Hauptverhandlung erklärt er dem Geschworenengericht seine Feststellungen. Diese sind für die Urteilsfindung natürlich sehr wichtig.

Die Obduktion fand am nächsten Tag in der Gerichtsmedizin in Innsbruck statt. Für den Transport der Leiche war der Bestatter zuständig.
Zwei Spurensicherer, einer meiner Mitarbeiter und ich fuhren gemeinsam nach Innsbruck. Ich hatte die Sachbearbeitung des Mordes persönlich übernommen. Ich war erst einen Monat Chef des *„Morddezernates"* und es war bereits der zweite Mord in diesem Monat.

Ich war in den letzten zehn Jahren mit (fast) allen Polizeischülern bei einer Obduktion. Das gehört zur Ausbildung dazu. Es ist wichtig, dass man lernt, den Tod zu akzeptieren. Dazu gehört für einen Polizisten auch, zu lernen, dass eine Obduktion nichts Schlimmes ist. Es ist – wie ein berühmter Gerichtsmediziner in seinen Vorträgen immer sagte – der vorletzte Dienst, den man der Person einfach schuldig ist. Der letzte Dienst ist dann die Verurteilung des Verursachers (sprich des Täters).

Die Obduktion zeigte in diesem Fall das Ausmaß der schrecklichen Tat. Kurts Körper war mit Einstichen und Schnitten übersät. Es war eine Herausforderung, die zahlreichen Stiche exakt zu beschreiben und zu dokumentieren. Manche Stiche waren nur oberflächlich, andere waren tief in den Körper eingedrungen. Dr. Walter Rabl, der stellvertretende Direktor der Gerichtsmedizin Innsbruck, stellte fest, dass die Stiche mit großer Wucht ausgeführt worden waren. Die Verletzungen mehrerer innerer Organe führten zu einem enormen Blutverlust und schlussendlich auch zum Tod des Mannes.

Es wurden mindestens 74 Messerstiche gezählt.

 Kriminologen sprechen in solchen Fällen auch vom „Übertöten".

Bei Gericht sagte Dr. Walter Rabl, dass das Opfer noch maximal 15 Minuten gelebt habe.

Psychiatrisches Gutachten

Dr. Reinhard Haller war mit der Begutachtung des Täters beauftragt worden. Im Gutachten führte der Sachverständige aus, dass der 28-Jährige seit drei oder vier Jahren an Verfolgungswahn leide. Auf die Frage des vorsitzenden Richters, warum der Mann dann heute bei der Gerichtsverhandlung so ruhig war, führte Dr. Reinhard Haller aus, dass das auf die Wirkung der hoch dosierten Psychopharmaka zurückzuführen sei.

Urteil

Der Beschuldigte wurde vom Geschworenengericht in eine Anstalt für geistig abnorme Rechtsbrecher eingewiesen. Wie lange er dort untergebracht bleibt, werden Gutachter in einigen Jahren entscheiden müssen.

NORBERT SCHWENDINGER PERSÖNLICH

Passieren Verbrechen oft im Familienkreis?

Im Familienkreis passieren leider sehr viele Verbrechen, angefangen von Kindesmisshandlungen bis hin zum Mord. Viele Delikte werden nie zur Anzeige gebracht. Die Opfer haben Angst, es könnte danach noch schlimmer werden. Wenn ein Partner gewaltig gegen Familienangehörige vorgeht, wird dies mit sehr hoher Wahrscheinlichkeit nie ein Einzelfall sein. Also kann man den Betroffenen nur raten, möglichst bald Hilfe in Anspruch zu nehmen. Dazu gibt es sehr gute Opferschutzeinrichtungen. Oft gibt es Spätfolgen, die gar nicht abschätzbar sind.

Junge Frau niedergestochen

■ Ludesch: Opfer lag blutüberströmt in Wohnung – mutmaßlicher Täter gefasst

Am Tag vor dem Heiligen Abend wurde eine junge Frau mit mehreren Messerstichen schwer verletzt. Das G

Vielleicht hat ihr ein Zufall das Leben gerettet: Während oder unmittelbar nach der Tat kamen die Mieter in die Wohnung zurück.

War es mal Liebe?

Vorgeschichte

Die Geschichte begann eigentlich wie viele (Liebes-)Geschichten. Zwei junge Menschen arbeiten in einer großen Firma in Liechtenstein und lernen sich dort kennen. Aus den anfänglich zufälligen Kontakten wurden während der nächsten Wochen regelmäßige Treffen.

Es dauerte nicht lange, da war Livia, eine junge Brasilianerin, die schon recht lange in Vorarlberg lebte, schwanger. Anfänglich war das junge Paar nicht sicher, ob es das Kind überhaupt wollte. Abtreibung stand im Raum. Schlussendlich war es dann aber doch ein gemeinsamer Entschluss. Sie wollten das Kind bekommen.

Somit begann die Suche nach einer gemeinsamen Wohnung im Großraum Feldkirch, da zu der Zeit beide noch in Liechtenstein arbeiteten. Anfang Juni 2007 bezogen Livia und Erkut ihr neues Zuhause, knapp zwei Monate später, Ende Juli 2007, wurde Erbay, ihr gemeinsamer Sohn, geboren.

Das Glück sollte nicht lange dauern. Kurz nach der Geburt des Kindes begannen die Beziehungsprobleme, die immer größer wurden, bis Erkut nach ca. einem Jahr schließlich auszog. Es folgten weitere Treffen und ein Neubeginn in der gemeinsamen Wohnung.

Aber auch in den folgenden Monaten gab es immer wieder Streit. Erkut wechselte laufend die Arbeitsstellen, war immer wieder arbeitslos, das Geld wurde knapper, die Schulden stiegen.

Livia suchte immer wieder das Gespräch mit Erkut, ohne Erfolg, ganz im Gegenteil, er beschimpfte sie und wurde handgreiflich. Dies ging sogar so weit, dass Erkut sie öfters schlug. Livia erduldete alles in der Hoffnung, dass er sich schon noch ändern würde, leider gefehlt.

Eines Tages fasste Erkut den Entschluss, für einen Monat in seine Heimat zu reisen. Nach seiner Rückkehr stellte Erkut fest, dass Livia aus der gemeinsamen Wohnung ausgezogen war. Er war sehr verärgert, auch darüber, dass Livia nicht mehr ans Telefon ging.

Wiedersehen

Am 3. Dezember 2008 traf Erkut zufällig auf Livia, die gemeinsam mit ihrer Freundin Sandra, bei der sie inzwischen wohnte, und ihrem Sohn in der Fußgängerzone in Bludenz unterwegs war. Erkut sprach Livia unwirsch an, machte ihr Vorwürfe und drohte, ihr und dem Kleinen etwas anzutun. Sandra versuchte schlichtend einzugreifen, doch plötzlich richteten sich die Drohungen auch gegen sie. Erkut beschimpfte die beiden jungen Frauen auf offener Straße lautstark und wurde schlussendlich auch handgreiflich. Dadurch wurden die beiden Frauen leicht verletzt. Das Kind beachtete er nicht einmal.

Ein beherzter Passant rief die Polizei, die ein paar Minuten später in der Fußgängerzone eintraf.

Plötzlich änderte Erkut sein Verhalten und wurde ruhig. Er versuchte, die beiden Frauen als Übeltäter hinzustellen. Da aber der unbeteiligte Passant noch anwesend war und den Beamten erklären konnte, was sich wirklich abgespielt hatte, verlor Erkut an Glaubwürdigkeit und es wurde Anzeige gegen ihn erstattet.

Hausfriedensbruch und Mordversuch

Die nächsten drei Wochen verliefen ruhig. Livia freute sich bereits auf das Weihnachtsfest, das sie gemeinsam mit ihrem Sohn und ihren

Freunden feiern wollte.

Am Tag vor dem Heiligen Abend rief Erkut mehrfach bei Livia an. Einmal nahm sie ab, Erkut beschimpfte und bedrohte sie erneut am Telefon, sodass Livia das Gespräch beendete.

An diesem Abend war Livia mit ihrem Sohn allein in der Wohnung, als es plötzlich klingelte. Sie ging zur Eingangstüre und erschrak, denn durch den Türspion konnte sie sehen, dass Erkut vor der Tür stand. Erkut läutete wiederum und klopfte gegen die Tür. Sie sagte durch die geschlossene Tür, dass er gehen solle, sie wolle ihn nicht sehen. Er hingegen schrie, dass er seinen Sohn sehen wolle und sie gefälligst öffnen solle. Er habe schließlich ein Recht dazu! Erkut hämmerte wie ein Verrückter gegen die Tür. Die Schläge wurden immer heftiger. Bis es ihm schlussendlich gelang, die Eingangstüre einzuschlagen. Livia versuchte in einen der hinteren Räume zu flüchten, aber es war zu spät. Er erwischte sie an ihren langen Haaren, zog kräftig daran, beschimpfte sie und schlug ihr mit den Fäusten ins Gesicht und gegen den Kopf. Durch die heftigen Schläge stürzte Livia zu Boden. Erkut schlug immer weiter auf die wehrlose Frau ein, zückte ein Messer und drohte ihr. Livia schrie verzweifelt um Hilfe. Sie hatte Angst um ihren Sohn, der im Gitterbett im Kinderzimmer lag. Der Kleine schrie.

Livia sagte später aus, dass Erkut nie zuvor so heftig und brutal zugeschlagen habe. Sie habe das Bewusstsein verloren.

Karna und Ricco, Livias Nachbarn, waren beim Abendessen, als sie Erkuts Schreie im Stiegenhaus hörten. Da sie Erkut kannten und Livia das Handy nicht abnahm, gingen sie in den unteren Stock. Durch die eingeschlagene Eingangstüre sahen sie Livia am Boden liegen, Erkut schlug immer noch auf sie ein. Im Bettchen stand Erbay und weinte. Karna nahm das Kleinkind an sich und Ricco versuchte den wild zuschlagenden Erkut von weiteren Schlägen abzuhalten. Aber Erkut schlug mit der Faust immer wieder auf die auf dem Boden liegende Livia ein. Sowohl Karna als auch Ricco bemerkten plötzlich, dass der Täter ein Klappmesser in der Hand hatte. Die Klinge sprang heraus.

Ricco schrie ihn an, dass er aufhören solle, aber Erkut war in einem Wutrausch! Er drohte Ricco mit dem Messer, dass er ihn umbringen werde.

Karna rief Livia zu, dass sie wegrennen solle. Livia war benommen, versuchte jedoch aufzustehen, aber es war zu spät. Ohne ein weiteres Wort zu sagen, stach Erkut mit dem Messer zweimal auf die vor ihm liegende Frau ein. Danach rannte er aus der Wohnung.

Die Personen – Livia krümmte sich vor Schmerzen – flüchteten in die obere Wohnung.

Dort kümmerte sich Karna um die Schwerverletzte, die zwischenzeitlich bewusstlos war. Überall war Blut.

Polizeieinsatz

Die BLS Bludenz schickte sofort mehrere Streifen zum Tatort. Während zwei Beamte in den oberen Stock zum Opfer und zu den Zeugen rannten, schauten sich zwei weitere Beamte in der Wohnung um. Am Boden vor dem Schlafzimmer war eine größere Blutlache zu sehen.

Ein Beamter blieb bei der eingeschlagenen Eingangstüre stehen, damit niemand mehr in die Wohnung gelangen konnte.

Die beiden Beamten, die im oberen Stock waren, leisteten Erste Hilfe. Livia war augenscheinlich schwer verletzt, sie konnte kaum atmen. Der Notarzt traf unmittelbar nach den Polizisten ein und kümmerte sich sofort um die schwerverletzte Frau. Später wird im Gutachten der Gerichtsmedizin stehen, dass es dem beherzten und äußerst raschen Eingreifen der Ärzte zu verdanken war, dass die Frau das Ereignis überlebt hat.

Nach einer kurzen Erstbefragung der Zeugen wurde eine Alarmfahndung ausgelöst, die kurze Zeit später erfolgreich war: Der Täter konnte festgenommen werden.

Da gemeldet wurde, dass Erkut auch das $1\frac{1}{2}$-jährige Kind verletzt habe, wurde der Bub zur Abklärung ins Krankenhaus gebracht. Dabei wurde aber nur eine leichte Abschürfung an der linken Stirnseite festgestellt. Diese leichte Verletzung dürfte nicht durch Erkut verursacht worden sein.

Die Jugendwohlfahrt der Bezirkshauptmannschaft Bludenz entschied inzwischen, dass sich eine Pflegefamilie im Bezirk Bludenz um das Kind kümmern solle. Name und Adresse dieser Familie waren nur der BH Bludenz und den Sachbearbeitern des LKA Vorarlberg bekannt, eine reine Vorsichtsmaßnahme zum Wohle des Kindes.

Festnahme

Anfänglich war vollkommen unklar, in welche Richtung Erkut geflüchtet war. Da die Polizei früher bereits mehrfach gegen Erkut einschreiten musste, war bekannt, dass seine Mutter in Bludenz wohnhaft war. Die BLS schickte daher eine Streife zu deren Wohnung. Die Mutter öffnete gleich beim ersten Läuten die Eingangstür und sagte den Beamten, dass ihr Sohn bereits in der Küche auf sie warte. Die beiden Beamten betraten die Küche mit gezogener Dienstwaffe, die Fahndung richtete sich ja gegen einen Mann, der im Verdacht stand, einen Mordversuch begangen zu haben. Zudem war unklar, ob der Mann das Messer noch bei sich hatte.

Erkut stand langsam auf und ließ sich widerstandslos festnehmen.

Die Polizeistreife brachte ihn zur Polizeiinspektion Bludenz. Zuvor wurde er in der Wohnung seiner Mutter noch perlustriert, damit gewährleistet war, dass er keine gefährlichen Gegenstände bei sich trug.

Erkut war bei der Vernehmung von Anfang an größtenteils geständig, er schilderte seine Probleme, die er mit Livia gehabt hatte, wobei er sie immer noch als Freundin bezeichnete. im Laufe des Tages sei er wütend geworden, weil seine Freundin das Telefon nicht mehr abgenommen habe. Daher sei er zu ihrer neuen Wohnadresse nach Ludesch gefahren.

Es sei richtig, dass er die Tür eingeschlagen habe, die Angriffe auf seine Freundin seien aber nicht massiv gewesen. Es stimme aber, dass er das Messer herausgezogen und zweimal auf seine Freundin eingestochen habe.

Danach sei er aus der Wohnung geflüchtet. Er sei in einen zufällig vorbeifahrenden Bus eingestiegen und nach Bludenz gefahren. Dort habe er das Messer weggeschmissen. Die genaue Stelle habe er den Polizisten auf der Fahrt zur Polizeiinspektion gezeigt. Das Messer selbst habe er ein paar Tage zuvor bei einem Waffenhändler in Feldkirch gekauft.

Da Erkut angab, an dem Tag relativ viel Alkohol getrunken zu haben, wurde er zu einer Blutabnahme aufgefordert. Dieser stimmte er zu, sie wurde vom Stadtarzt im Zuge der Hafttauglichkeitsprüfung durchgeführt. Die Nacht verbrachte Erkut in der Arrestzelle.

Die Suche nach dem Tatmesser musste an diesem Abend erfolglos abgebrochen werden.

> Da am nächsten Tag Heiliger Abend war, wollte ich den Fall so rasch als möglich zum Abschluss bringen, damit auch die beteiligten Beamten das Fest mit ihren Angehörigen feiern konnten. So verbrachte ich die Nacht im Büro, las alle Vernehmungen, stellte die Unterlagen zusammen und begann mit dem Schreiben des Berichts für die Staatsanwaltschaft.

Die erneute Einvernahme des Beschuldigten am nächsten Tag ergab keine wesentlichen Neuigkeiten. Das Opfer werde – laut Auskunft des zuständigen Arztes – erst in ein paar Tagen vernehmungsfähig sein. Die Vernehmung der weiteren Zeugen war bis Mittag abgeschlossen.

Mehrere Polizisten und Angehörige der Feuerwehr Bludenz suchten den beschriebenen Bachbereich nochmals ab und fanden dann nach einiger Zeit das Tatmesser.

Es wurde Untersuchungshaft beantragt, die Einlieferung des Täters erfolgte kurz nach Mittag.

Gutachten

Im Gutachten der Gerichtsmedizin war zu lesen, dass Livia neben zahlreichen Prellungen zwei Rumpfstichverletzungen erlitten hatte. Diese Stiche verletzten mehrere innere Organe, wodurch es zu einem hochgradigen Blutverlust kam. Die Frau schwebte in akuter Lebensgefahr! Das Opfer werde für sein weiteres Leben durch ausgedehnte Operationsnarben gezeichnet bleiben. Die Frau musste über einen Monat stationär im LKH Feldkirch behandelt werden. Die ambulante Nachbehandlung dauerte noch mehrere Wochen.

Die Untersuchung des Blutes ergab, dass Erkut zur Tatzeit einen Blutalkoholwert von ca. 0,6 Promille hatte. Weiters konnte ein chronischer Cannabiskonsum nachgewiesen werden. Ob er während der Tat unter dem Einfluss dieses Suchtmittels stand, konnte nicht eindeutig festgestellt werden.

Es dauerte fast zwei Monate bis Livia zur Tat vernommen werden konnte. Als uns die junge Frau gegenübersaß, konnten wir feststellen, dass sie immer noch beeinträchtigt war. Sie klagte über starke Schmerzen und musste Medikamente nehmen. Sie freute sich, dass Erbay inzwischen wieder bei ihr war.

Der Ablauf der Tat, den sie schilderte, passte mit den Ermittlungen und den restlichen Angaben zusammen. Sie wurde später kontradiktorisch beim Landesgericht Feldkirch als Opfer/Zeuge vernommen.

Urteil

Erkut gab zu, dass er zweimal auf seine Ex-Freundin eingestochen habe, eine Tötungsabsicht bestritt er aber.

Die Geschworenen befanden den Angeklagten mit 7:1 Stimmen für schuldig. Er wurde vom Landesgericht Feldkirch wegen versuchten Mordes zu 16 Jahren Haft verurteilt.

Entsetzen über die Bluttat

■ Todesnacht von Lauterach. Täter geständig, Anklage auf Mord bzw. Mordversuch.

Lauterach (VN) Steinchen für Steinchen setzten die Kriminalisten vom LKA in Bregenz zusammen, um das Tatgeschehen der Nacht von Samstag auf Sonntag im Clubheim der „Outsider" in Lauterach zu rekonstruieren. Als ei...

Mahnwache

Neben Kerzen zum Gedenken wurden in der Nacht auch Botschaften wie „Man sieht sich zweimal im Leben" platziert. Unterzeichnet war die Botschaft mit „B&H Vorarlberg", was ein Hinweis auf die rechtsradikale Skinhead-Gruppierung „Blood & Honour" sein könnte.

Abschlussdrink mit Folgen

Sein letzter Geburtstag

Vorgeschichte

Eigentlich war es ein recht ruhiger Abend. Der Fasching hatte Hochbetrieb. Aber nicht nur öffentliche Veranstaltungen fanden an diesem Wochenende statt. Eine Veranstaltung sollte im Laufe der Nacht noch für einen großen Polizeieinsatz sorgen.

Während in Wolfurt mehrere Skinheads[1] den 20. Geburtstag ihres Mitglieds Reinhard feierten, ging es bei der Rockergruppe „*Outsiders MC*"[2] in ihrem Clubheim in Lauterach auch recht munter zu. Die Feier begann bereits am Nachmittag. Dazu darf man festhalten, dass beide Veranstaltungen jeweils nur für ihre Mitglieder gedacht waren. Auch eine große Anzahl an Mitgliedern von befreundeten Motorradclubs aus dem Ländle, der Schweiz und Deutschland hielt sich im Clubheim auf.

---

[1] Skinheads:
Skinhead ist eine Sammelbezeichnung für alle Angehörigen der Sknheadszene, einer sehr heterogenen Subkultur. Gemeinsam haben sie vor allem die kurz bis kahl geschorenen Köpfe sowie eine Kleidung, zu deren Merkmalen meist Stiefel, die Sicherheitsschuhen ähneln, und Bomber-, Harrington- oder Donkeyjacken gehören.
In Vorarlberg gibt es eine überschaubare Zahl von Mitgliedern, Sie sind auch unter „Blood & Honour" bekannt.
Quelle: https://de.wikipedia.org/wiki/Skinhead

[2] Outsiders MC:
Eine von vielen Rockerorganisationen. In Vorarlberg hatten sie eine lange Tradition, sind aber größenmäßig nie mit den Hells Angels oder anderen Rockergruppen vergleichbar. Die Vorarlberger Outsiders waren eine eigenständige Gruppierung, die sich nicht der gleichnamigen im Rest von Österreich tätigen Gruppierung anschlossen. In Vorarlberg gibt es diese Gruppierung seit dem Vorfall in Lauterach nicht mehr.

In den frühen Morgenstunden des 8. Februar 2009 beschlossen fünf Skinheads, unter ihnen auch das Geburtstagskind, noch einen Lokalwechsel zu machen. Schnell war man sich einig, setzte sich ins Auto und fuhr in die Disco A 14 nach Lauterach.

Auf der Fahrt sah einer der Skins, dass beim Rockerclub *„Outsiders MC"* noch Licht brannte. Udo machte den Vorschlag, das Abschlussbier dort zu trinken, zumal sie ja mit einigen der Rocker befreundet waren.

Dort war zu dieser Zeit nicht mehr viel los. Viele Teilnehmer hatten sich bereits verabschiedet, Mitternacht war ja schon lange vorbei. Es hielten sich lediglich noch ca. 15 Rocker im Lokal auf.

Gemeinsam gingen die Skins ins Haus und begaben sich zielstrebig zur Bar. Das Clubheim wirkte recht nett, es hatte mehrere Räume, Barhocker standen beim Tresen. Im nächsten Raum gab es eine Ledercouch und im Hintergrund konnte man durch eine offene Türe auch noch in eine kleine Küche schauen.

Cornelia, die Bedienung, nahm die Bestellungen entgegen. Sie stellte jedem ein großes, offenes Bier hin. Die Skins nahmen die kühlen Getränke und prosteten sich zu. Einige Rocker prosteten den Neuankömmlingen ebenfalls zu.

Doch die Gemütlichkeit sollte schnell beendet sein: Oliver, ein Mitglied der *„Outsiders"*, erkannte Udo, den Chef der Skins, als seinen langjährigen Feind. Früher mal, ja vor vielen Jahren waren sie noch befreundet, Oliver war selbst ein Skinhead. Aber damals gab es aus nicht näher bekannten Gründen Streit zwischen Oliver und Udo, der in einer handfesten Schlägerei endete. Angeblich soll Udo Oliver dabei die Nase gebrochen haben. Udo war damals schon der *„Chef"* der Vorarlberger Skins. Er hat daraufhin Oliver aus ihrer Vereinigung ausgeschlossen.

Der 37-jährige Oliver begann sofort ein Streitgespräch mit Udo. Er forderte ihn auf, das Lokal mit *„seinem Haufen"* sofort zu verlassen. Er habe hier nichts zu suchen. Diese Anweisung war Udo und seinen Mannen aber ziemlich egal. Unbeeindruckt konsumierten sie ihre Getränke.

Jetzt begann auch Cornelia, die mit einem Outsider befreundet war, die Skinheads anzuschreien. Sie schrie lautstark, dass die Skins das Lokal verlassen sollen. Skins lassen sich, wie auch Rocker, von einer Frau jedoch nichts sagen, sie solle gefälligst ihre „*Klappe*" halten, war zu hören. In ihren Augen war es eine bodenlose Frechheit, dass diese Frau den Skinhead-Boss, Udo, aus dem Lokal werfen wollte. Das konnte sich der große Chef natürlich nicht bieten lassen. Er beschimpfte die Frau lautstark. Das passte nun wiederum Cornelias Freund nicht. Er begann wieder Udo zu beschimpfen, aber es blieb nicht lange bei Worten, eine handfeste Rauferei folgte, in die sich gleich mehrere Skins und Rocker einmischten.

Jetzt reichts, dachte sich Oliver und ging in die Küche. Dort traf er Patrick, den Vizechef der „*Outsiders*" und Veranstalter dieses Festes. Sie unterhielten sich kurz. Oliver holte aus der Küche einen Baseballschläger und ging wieder in den eigentlichen Clubraum zurück. Dort war die Schlägerei immer noch in vollem Gange.

Es sollte sein Auftritt werden, mit dem Baseballschläger fühlte er sich stark. Oliver schlug wild umher, insbesondere Udo wollte er den noch nicht vergessenen Nasenbeinbruch heimzahlen. Die Skins werden wir aus dem Lokal treiben, war seine Überlegung und es spornte ihn an. Hier ein Schlag, da ein Schlag, hoppala, jetzt hatte er einen seiner eigenen Leute am Kopf getroffen und der ging auch noch zu Boden. Naja egal, wegen so kleiner Pannen ließ sich Oliver doch nicht abbringen. Blut spritzte und wieder einer hielt seine Hand auf seinen blutenden Kopf, es war wieder ein „*Outsider*". Oliver war voll in seinem Element und schlug wahllos auf die anwesenden Personen ein, offensichtlich war es ihm egal, ob er Freund oder Feind traf bzw. verletzte.

Sein erklärtes Ziel war einfach, Udo und dessen Skins aus dem Lokal zu jagen.

Oliver und Udo standen sich jetzt gegenüber. Während Udo versuchte, seine Faustschläge in Olivers Gesicht zu platzieren, schlug dieser mit seinem Baseballschläger auf Udo ein. Er hatte Udo bereits mehrfach getroffen, aber dieser Kerl wollte einfach nicht zu Boden gehen. Und schon wieder hatte er von Udo einen schmerzhaften Schlag ins Gesicht bekommen.

Aber nicht nur die beiden Erzfeinde kämpften erbittert, nein, zwischenzeitlich hatte sich eine handfeste Schlägerei zwischen allen entwickelt. Jeder schlug auf jeden ein, sogar die beiden Frauen bekamen ab und zu einen Schlag ab. Ihre Schläge dagegen zeigten keinerlei Wirkung.

Patrick, der körperlich nicht gerade der Größte und auch sonst den anderen klar unterlegen war, rannte in den Barbereich. Vor der Bar schlug Oliver wie ein Verrückter auf Udo und die anwesenden Personen ein. Der Baseballschläger ging nur noch hoch und nieder und das ziemlich schnell. Es mussten kräftige Schläge gewesen sein.

Es war sein Club, genau dieser Satz ging dem 27-jährigen Patrick durch den Kopf. Die Idioten zerstören alles, was er sich aufgebaut hatte. Er griff zu einem 36 cm langen Küchenmesser. Jetzt fühlte er sich stark. Mit dem Küchenmesser in der Hand sprang er mit einem lauten Kampfschrei über den Bartresen und war nun in der Mitte der handfesten Rauferei.

Anmerkung: Bei der Besichtigung des Tatortes war es für uns kaum vorstellbar, wie der Haupttäter es überhaupt schaffte, mit einem Sprung über den Tresen zu hechten. Aufgrund seiner Größe musste er alle Kraft zusammengenommen haben, um über die doch recht hohe Anrichte zu springen.

Die beiden Kontrahenten Oliver und Udo hielten sich gegenseitig direkt vor dem Bartresen im Schwitzkasten und schlugen wild aufeinander ein. Unmittelbar nach dem Sprung stach Patrick mit dem Messer auf Udo ein. Einmal, zweimal, mehrfach ... einfach nur zustechen, damit der schwergewichtige Skin endlich Ruhe gibt. Der Skin wurde zwar schwer verletzt, ungeachtet dessen ging der Zweikampf mit seinem Rivalen aber weiter. Und auch andere in der Nähe raufende Personen bekamen die Faustschläge von Udo sowie Olivers Schläge mit dem Baseballschläger ab.

Patrick, der dem körperlich weit überlegenen Udo mehrere

Messerstiche zugefügt hatte, kam auf den Geschmack. Er fuchtelte mit dem großen Küchenmesser wild umher und verletzte damit schon wieder einen Eigenen.

Jetzt hatte Patrick das Geburtstagskind Reinhard im Visier. Zielstrebig ging, nein rannte er die zwei Schritte zum Geburtstagskind und stach mit voller Wucht zu. Ausgerechnet jener Mann, der Geburtstag hatte und der – so sagen es später die Zeugen übereinstimmend aus – überhaupt nichts gemacht hatte, war das Ziel des massiven Angriffes des kleinen Mannes. Aber es reichte Patrick nicht, einmal zuzustechen, nein, er war, man könnte fast schon sagen, im Blutrausch.

Mehrere Stiche fügte er dem hilflosen Opfer zu.

Bevor der schwerverletzte Mann zusammenbrach, schaffte er es noch mit letzter Kraft, ins Freie zu gelangen. Den leichten Schneefall bekam er jedoch nicht mehr mit. Für den jungen Mann sollte jede Hilfe zu spät kommen. Er stürzte an der Gehsteigkante. Die Hilfe seiner Kumpels kam zu spät, er verstarb kurz danach.

Die Schlägerei verlagerte sich, warum war nicht ganz klar, plötzlich auch ins Freie. Doch auch da war noch nicht Ruhe. Immer wieder loderte das Feuer auf, sprich die gegenseitigen Angriffe starteten aufs Neue. Zwei Skins rannten schreiend auf die *„Outsiders"* zu und beschimpften sie mit Worten wie *„Mörder, ihr habt ihn umgebracht."* Die Skins versuchten auf die *„Outsiders"* einzuprügeln, diese wehrten sich mit Faustschlägen. Die Skins, die zahlenmäßig deutlich unterlegen waren, zogen sich zu Reinhard, der an der Gehsteigkante lag, zurück.

Lediglich ein paar Verletzte blieben in den Räumlichkeiten zurück. Sie lagen zum Teil auf dem Fußboden, einer saß auf der Ledercouch und hielt sich seine blutende Wunde im Bauchbereich zu. Dazu verwendete er sein T-Shirt, das er ausgezogen hatte.

Udo und Oliver hatten die Bar auch verlassen, der am Boden liegende junge Mann interessierte sie nicht. Insbesondere Oliver wollte mit Udo, seinem Erzfeind, abrechnen. Es war ohnehin verwunderlich, warum Udo noch kämpfen konnte, Patrick hatte ihm ja ein paar Messerstiche in den Nacken verpasst, aber Udo zeigte keine Reaktion. Er wehrte sich nicht nur, nein, er teilte auch kräftig aus, indem er auf die „*Outsiders*", insbesondere auf Oliver, einschlug.

Jetzt erst besann sich die Bardame Ivonne und wählte den Notruf.

Patrick, der den Tod des 20-jährigen Mannes verursacht hatte, kam langsam wieder zu Sinnen. Er war sich plötzlich bewusst, dass er jemanden getötet hatte und noch immer das Tatmesser in den Händen hielt. Er reinigte das blutverschmierte Küchenmesser etwas und warf es in der Nähe des Tatortes auf ein Hausdach.

Auch Oliver kam wieder zur Besinnung: Auch er reinigte seine Tatwaffe, den Baseballschläger, und warf ihn mit den blutigen Tüchern unweit des Tatortes in ein Blumenbeet. Seine Fingerabdrücke sollte man später auf dem Schläger nicht finden.

Polizeieinsatz

 Ivonnes Notruf ging bei der Landesleitzentrale in der Landespolizeidirektion in Bregenz ein. Diese Einsatzzentrale war – wie jeden Tag und jede Nacht – mit mehreren Beamten besetzt. Sie ist rund um die Uhr erreichbar und hat ein breites Aufgabengebiet, u. a. die Entgegennahme der Notrufe und die Koordination der Einsätze.

Die Frau am Telefon war sehr aufgeregt. Der diensthabende Kollege konnte sie kaum verstehen, er vernahm nur, dass eine Schlägerei im Clubheim der „*Outsiders*" in Lauterach im Gange sei. Es gebe Verletzte. Nachdem routinemäßig Name und Erreichbarkeit der Anruferin festgehalten worden waren, verständigte er per Funk vorerst die Polizeistreifen im Raum Bregenz und schickte diese nach Lauterach. Gleichzeitig wurde die RFL, die u. a. für die Koordination von Rettungs- und Feuerwehreinsätzen zuständig ist, telefonisch informiert. Da die Rede davon war, dass es mehrere Verletzte gebe, verständigte der zuständige

Sachbearbeiter der RFL den Notarzt und zwei Rettungsfahrzeuge.

Zusätzlich zur Sektorstreife, die jede Nacht eingeteilt war, war in dieser Nacht aufgrund der zahlreichen Faschingsveranstaltungen eine Zusatzstreife der Polizei im Raum Lauterach unterwegs. Diese Streife war mit zwei Beamten besetzt. Sie hätten um 4.00 Uhr Dienstende gehabt. Jetzt war es 3.25 Uhr. Die Streife erreichte das Clubheim kurz nach der Verständigung durch die LLZ. Der erste Rettungswagen traf gleich danach ein.

Später hielten die Beamten in einem Amtsvermerk fest, dass bei ihrem Eintreffen ca. 12 – 15 Personen vor dem Clubheim waren. Es spielten sich tumultartige Szenen ab, mehrere Personen gingen immer wieder aufeinander los. Eine offensichtlich schwer verletzte Person lag auf dem Gehsteig, unmittelbar neben dem Stiegenaufgang. Ein paar Personen betreuten den Mann.

Der Notarzt kümmerte sich sofort um den am Boden liegenden Mann. Einer der Sanitäter verarztete den schwer verletzten Udo. In der Nähe waren drei Skins, die einem Polizeibeamten unmittelbar berichteten, dass dies Oliver und ein Kleiner gewesen seien. Oliver habe mit dem Baseballschläger herumgeschlagen. Der Kleine habe mit einem langen Messer wie wild zugestochen.

Einer der Ersteinschreiter beurteilte die Situation passend, er erkannte die schwere Verletzung des am Gehsteig liegenden Mannes sowie die Verletzungen zahlreicher weiterer Personen und forderte über Funk weitere Rettungsfahrzeuge an. Weiters forderte der Beamte – da die gegenseitigen Handgreiflichkeiten immer wieder neu entfachten – weitere Polizeistreifen zur Unterstützung an. Er fügte dem Funkspruch noch hinzu, dass DRINGEND weitere Einsatzkräfte notwendig seien. Kurz nachdem er den Funkspruch abgesetzt hatte, trafen drei weitere Polizeistreifen aus Bregenz und Wolfurt ein.

Die LLZ koordinierte den Einsatz sehr gut, der zuständige Beamte schickte alle verfügbaren Streifen aus Bregenz nach Lauterach. Da die

Kollegen in der Zentrale am Funk mitbekommen hatten, dass sich die Situation am Tatort immer noch nicht beruhigt hatte und die Streifen nicht ausreichen würden, schickten sie Streifen aus Dornbirn und Feldkirch sowie die Cobra und eine Diensthundestreife zum Tatort. Gut 20 uniformierte Beamte waren schlussendlich in Lauterach im Einsatz.

Und dies war dringend notwendig.

> Hier darf eine kleine Erklärung angeführt werden: Viele Leute stellen sich Polizeieinsätze sehr einfach vor. Sobald die Polizei da ist, ist die Schlägerei beendet. Weit gefehlt, man muss sich die Realität vor Augen führen. Die Stimmung ist angeheizt, Alkohol trägt meistens auch noch sehr viel dazu bei. Zum Teil spielt auch der gegenseitige Hass, ja, man kann in Einzelfällen, wie es hier war, wirklich von Hass sprechen, eine wesentliche Rolle. Und als Mann – in diesem Fall vielleicht sogar noch etwas extremer, da sowohl Rocker als auch Skinheads sich in Gruppen stark fühlen – gibt man doch nicht nach. Man muss doch zeigen, dass man der Stärkere ist. Die Exekutive ist den Streithähnen meist egal, oft ist es dann sogar so, dass plötzlich die Polizisten die Feinde beider Gruppierungen sind. Erst wenn genügend Polizisten da sind, lässt sich so eine aufgekochte Situation wieder einigermaßen beruhigen.

Die Lage vor Ort konnte durch das Trennen der beiden Gruppierungen, dazu waren allerdings zahlreiche Beamte notwendig, etwas beruhigt werden. Die Skins wurden zur naheliegenden Polizeiinspektion Lauterach gebracht. Die Rocker konnten sich in einem Nebenraum des Hauses aufhalten. Zur Absicherung und der Einschränkung der Absprachen unter den Rockern hielten sich auch noch uniformierte Kräfte im Raum auf.

Die Erstbefragungen führten die einschreitenden Beamten durch.

> Aufgrund des Sachverhalts forderten die Ersteinschreiter über Funk die Verständigung des Landeskriminalamts. Die LLZ übernahm diese Verständigung und informierte die Journaldienstbeamten des LKA. Während zwei Journaldienstbeamte

sofort zum Tatort fuhren, verständigten die beiden anderen Beamten den Leiter des LKA, das „Morddezernat", die Spurensicherung sowie – aufgrund des Sachverhalts und der Anzahl der beteiligten Personen – weitere Beamte des LKA.

Der Schneefall, der in der Nacht begonnen hatte, legte einen weißen Schleier über die Landschaft. Zum Glück waren die Straßen weitestgehend schneefrei.

Es wird von uns immer wieder erwartet, dass wir schnell zum Tatort kommen. Es muss aber auch jedem klar sein, dass sich auch Polizeibeamte an die Verkehrsvorschriften halten müssen. Und die Frage, die immer wieder gestellt wird: Nein, wir haben in unseren privaten Pkws kein Blaulicht.

Meine Kollegen habe ich während der Fahrt verständigt, ich teilte ihnen mit, dass sie sich auf der Dienststelle treffen und dann mit unserem Dienstauto nach Lauterach kommen sollen. Da ich etwas früher verständigt worden war, traf ich auch früher auf der Dienststelle ein. Ich nahm meine Ausrüstung und fuhr mit einem der Journaldienstbeamten gleich weiter nach Lauterach.

Am Tatort herrschte pure Aufregung. Notarzt und Rettungssanitäter versorgten die Verletzten. Ein Beamter teilte mir mit, dass sich der Notarzt um den Schwerverletzten gekümmert hatte. Laut seiner Aussage sei der Zustand sehr kritisch, er sei sich nicht sicher, ob der Mann überleben werde. Jedenfalls wurde der junge Mann von einem Rettungsfahrzeug sofort ins Landeskrankenhaus Bregenz gebracht.

Überall Geschrei, teils wurde geweint, teils geschrien. Die uniformierten Kräfte waren nicht zu beneiden, jetzt hatten sie die Situation zwar schon einigermaßen unter Kontrolle, aber ich konnte mir aus Erfahrung vorstellen, wie es noch vor einer halben Stunde zugegangen sein musste.

Nachdem mir der zuständige Beamte der Polizeiinspektion Lauterach den Sachverhalt kurz geschildert hatte, entschied ich, dass sich die Sachbearbeiter der PI Lauterach und alle Kriminalbeamten zuerst auf der

Polizeiinspektion Lauterach treffen, um die Kollegen auf den gleichen Stand zu bringen. Ich wusste, dass unser Chef, der Leiter des Landeskriminalamtes, bereits auf der Polizeiinspektion wartete. Etwas überrascht war ich, dass der damalige Sicherheitsdirektor auf der Dienststelle zugegen war.

Nach einer kurzen Besprechung und der Verteilung der zahlreichen Aufgaben, wurden die Zweierteams auf den Weg geschickt. Die Spurensicherung hatte eine schwierige Aufgabe zu bewältigen. Am Tatort schaute es nicht gerade einladend aus, zerschlagene Gegenstände, Bier- und Weinflaschen, Gläser und überall Blut, Blut, und nochmals Blut. Wichtig war, dass ausreichend Fotos gemacht werden.

> *ⓘ* Fakt ist, dass Fotos auch bei der späteren Gerichtsverhandlung eine wesentliche Rolle spielen, da sich die Geschworenen ein Bild über den Sachverhalt und die Situation am Tatort machen müssen.

Der Hauptbeschuldigte, seine Personalien standen zwischenzeitlich fest, wurde von zwei Beamten der Gruppe „*Sitte*", die zur Unterstützung angefordert worden waren, zum LKA gebracht. Er war zuvor schon von den ersteinschreitenden Beamten wegen Verdachts des Mordes festgenommen worden. Sie begannen – nachdem sie den Beschuldigten belehrt hatten – auch gleich mit der Vernehmung.

Der zweite Beschuldigte, der eigentlich auch einer der Auslöser dieser Massenschlägerei (mit tödlichem Ausgang) war, wurde ebenfalls von den Ersteinschreitern wegen Beteiligung am Mord festgenommen. Er wurde von einem Team des LKA übernommen und auf der Dienststelle in Bregenz vernommen.

> *ⓘ* Jetzt komme ich zu einem Punkt, den ich in den Schulungen auch immer angeführt habe. Be fast jedem Krimi, der im Fernsehen ausgestrahlt wird, wäre hier das Ende erreicht. Aber das ist nur im Film so, in der Realität schaut es ganz anders aus.

Die Polizeiarbeit ist mit der Festnahme der Täter bei weitem nicht abgeschlossen. Polizeiarbeit beginnt mit der Sachverhaltsaufnahme und endet normalerweise mit dem Abschlussbericht. Tatsächlich abschließen kann man einen Fall aber eigentlich erst mit der rechtskräftigen Verurteilung des/der Beschuldigten. Und das kann dauern, nicht nur Tage oder Wochen, nein, oft bis zu zwei oder drei Jahre.

Zum Teil konnten Zeugen nicht gleich befragt werden, da sie zuerst ärztlich versorgt werden mussten. Dazu waren auch ambulante Behandlungen in den umliegenden Krankenhäusern notwendig.

Die sehr gute Idee der Ersteinschreiter, die Gruppierungen sofort zu trennen, wurde beibehalten. Eine weitere Idee der Beamten, sofort Fotos von allen Beteiligten (mit einem Namensschild) zu machen, erwies sich später als sehr hilfreich. Die Personen kannten sich zum Teil nur mit Spitznamen, so war es von Vorteil, dass ihnen Fotos der Beteiligten vorgelegt werden konnten. Somit war eine leichtere Identifizierung der Personen möglich.

Die Skinheads, die vernehmungsfähig waren, wurden auf der PI Lauterach zur Sache vernommen. Alle Rocker, mit Ausnahme von denen, die ärztliche Hilfe in den Krankenhäusern in Anspruch nehmen mussten, wurden im LKA in Bregenz vernommen.

Beide Maßnahmen waren eine logistische Herausforderung, da verhindert werden musste, dass sich die betroffenen Personen verabreden konnten (d.h. absprechen, was sie für Angaben machen). Das war aus kriminalpolizeilicher, aber auch aus strafprozessualer Sicht wichtig, da die Angaben sonst nicht brauchbar gewesen wären.
Als Leiter des LL war ich für die Koordination der Maßnahmen zuständig, deren Ergebnisse am Ende zu einem Abschlussbericht zusammengefasst werden mussten. Dieser Abschlussbericht war dann wiederum die Grundlage für die Staatsanwaltschaft, um die Anklage zu verfassen.
Zur Unterstützung wird bei solchen großen Fällen eine Einsatzzentrale im LKA eingerichtet. Zwei Kollegen dokumentieren sämtliche Tätigkeiten und Maßnahmen

und teilen nach Rücksprache mit dem Einsatzleiter die weiteren Aufgaben den frei werdenden Teams zu. Eine wichtige Aufgabe, die sehr gewissenhaft gemacht werden muss. Zur Koordination gehört auch, dass die Vernehmungsprotokolle gelesen und verglichen werden müssen. Das ist wiederum für die Vernehmungsteams der Beschuldigten wichtig, damit sie ihre Fragen an die Beschuldigten stellen können.

Die Pressearbeit wurde in diesem Fall vom Sicherheitsdirektor und vom LKA-Leiter übernommen. Daher war es wichtig, dass beide Beamte entsprechend über den aktuellen Stand informiert wurden, damit sie die vielen Anfragen der Presse auch beantworten konnten. Meistens wird in solchen Fällen zu einer Pressekonferenz eingeladen.

Zwischenzeitlich war es nun schon 8.00 Uhr morgens. Es war ein Sonntag, was für die meisten Kollegen einen freien Tag bedeutet hätte. Nicht so an diesem Sonntag. Ein Großaufgebot an Polizeikräften (sowohl in Uniform als auch in Zivil) war nach wie vor im Dienst. Einige Kollegen konnten erst am Morgen telefonisch erreicht werden. Sie wurden dann zur Verstärkung geholt.

Im Clubheim der „*Outsiders*" war immer noch reger Betrieb. Jetzt allerdings durch die Beamten der Tatortgruppe, die sich inzwischen auch Verstärkung durch die KKDs Bregenz und Dornbirn holen mussten. Es hatte sich einfach gezeigt, dass das Spurensicherungsteam personell für diesen Tatort nicht ausreichte.

Die KKD Beamten sind speziell ausgebildete Beamte der örtlichen Polizeiinspektionen, die normalerweise die Spurensicherungstätigkeiten bei kleineren Delikten im jeweiligen Bezirk machen. Vorarlberg wird um das KKD-System, das 1995 eingeführt und fortlaufend ausgebaut worden ist, beneidet. Es sind hervorragend ausgebildete und vor allem auch hochmotivierte Beamte, die jederzeit eingesetzt werden können.

Die ersten Einvernahmen waren bereits beendet.

Durchsuchungsmaßnahmen

Da sich die Beschuldigten weigerten, etwas zu den verwendeten Waffen zu sagen, wurde eine genaue Durchsuchung des Clubheims notwendig. Dazu forderte der Chef der Tatortgruppe acht weitere Beamte an. Die Beamten wurden angewiesen, auch die Umgebung des Tatorts abzusuchen, da nicht ausgeschlossen werden konnte, dass die Täter die Waffen im Freien versteckt oder weggeworfen hatten.

Da sich die Suche als sehr schwierig und aufwendig herausstellte, wurden kurz vor Mittag noch weitere Beamte mit einem Metallsuchgerät nach Lauterach geschickt.

Erfolgsmeldung

Gut zwei Stunden später kam dann die erlösende Erfolgsmeldung. Auf einem Flachdach neben dem Tatort wurde ein 34 cm langes Messer gefunden. Es konnte mit hoher Wahrscheinlichkeit davon ausgegangen werden, dass das die von Patrick verwendete Tatwaffe war. Das Messer wurde fachmännisch verpackt, damit keine Spuren verlorengehen konnten.

Kurz davor wurden in der Nähe noch zwei Baseballschläger gefunden. Interessant war, dass bisher immer nur von einem Baseballschläger gesprochen worden war. Ein Schläger war klar, der wurde als Schlagwerkzeug verwendet. Was es mit dem zweiten Schläger auf sich hatte, konnte auch später nicht einwandfrei geklärt werden. Haben sich die Zeugen getäuscht, oder war hier doch noch ein weiterer Mann mit einem Baseballschläger beteiligt gewesen?

Abklärungen in den Krankenhäusern

Mehrere Teams waren unterwegs, da einzelne Zeugen in den Krankenhäusern in Bregenz und Dornbirn befragt werden mussten. Dabei erhoben die Beamten bei den zuständigen Ärzten, was für Verletzungen vorlagen und ob die Personen ambulant oder stationär behandelt wurden. Einen der Streithähne, den kräftigen Skinhead mit dem Vornamen Udo, hatte es recht schlimm erwischt. Bei einer später durch einen Sachverständigen der Gerichtsmedizin Innsbruck durchgeführten Begutachtung wurde festgestellt, dass der Mann großes Glück gehabt hatte, mindestens zwei der Stiche, die ihn getroffen hatten, hätten auch tödlich sein können.

Andere waren mit leichten, zum Teil mittelschweren Verletzungen davongekommen. Wenn man aber berücksichtigt, dass diese Auseinandersetzung ein Todesopfer und zwölf zum Teil schwerverletzte Personen zur Folge hatte, kann man sich das Ausmaß des Streits möglicherweise vorstellen.

Interessant war, dass der eigentliche Auslöser der Tat, Oliver, unverletzt blieb, einer der wenigen, die ohne Verletzungen davongekommen waren. Ein Alkotest ergab, dass er mittelstark alkoholisiert gewesen war.

Der Hauptbeschuldigte hingegen wies beim Alkotest einen Wert von 0,00 Promille auf und war somit absolut nüchtern.

Weiterer Tagesablauf

Es war nun schon Sonntagnachmittag. In der Einsatzzentrale ging es immer noch hoch her, zahlreiche Anrufe gingen ein und mussten bearbeitet werden. In vielen Kanzleien wurden noch Vernehmungen durchgeführt.

Ich verbrachte viel Zeit in der Einsatzzentrale, da immer wieder Entscheidungen notwendig waren, dazwischen waren kurze Besprechungen mit unserem Chef, dem Leiter des LKA sowie meinem Kernteam, den Leib/Leben-Beamten, notwendig.

Es war inzwischen kurz vor 17.00 Uhr, die Kollegen der Spurensicherung versiegelten nach über zehn Stunden Arbeit den Tatort, damit weitere Tätigkeiten zu einem späteren Zeitpunkt fortgesetzt werden konnten.

Das würde bei einem „*normalen*" Tatort auch ausreichen. Da aber entsprechende Äußerungen seitens der Skinheads gemacht wurden, dass man sich für den Tod ihres jungen Mitgliedes rächen werde, musste befürchtet werden, dass sie das Clubhaus der „*Outsiders*" beschädigen könnten. Der Sicherheitsdirektor ordnete an, dass eine uniformierte Streife die ganze Nacht das Haus, in dem das Clubheim der „*Outsiders*" untergebracht war, zu überwachen hatte.

Die Vernehmungen der beiden Beschuldigten waren zwischenzeitlich unterbrochen worden, beide wurden in die Arrestzellen bei der Polizei gebracht.

Somit konnten die uniformierten Beamten ihren langen Dienst beenden. Für die Kriminalbeamten wurde es noch eine lange Nacht, da alle Vernehmungsprotokolle gelesen und verglichen werden mussten. Die Staatsanwaltschaft erwartete zudem noch einen ersten schriftlichen Bericht.

Der Ablauf des nächsten Tages war mehr oder weniger Routine. Es standen noch mehrere Zeugenvernehmungen auf dem Programm. Die beiden Beschuldigten mussten weiter vernommen werden.

Dabei spielte auch die Zeit eine wesentliche Rolle, da der Polizei lediglich 48 Stunden bleiben, um einen Festgenommenen – nach entsprechender Antragstellung durch die Staatsanwaltschaft – in die Justizanstalt einzuliefern.

Inzwischen ordnete die Staatsanwaltschaft Feldkirch die Obduktion des Opfers an. Diese wurde für den nächsten Tag, Dienstag, 10. Februar 2009, terminisiert.

Der erste Beschuldigte, Oliver, der mehr oder weniger geständig war, wurde am Nachmittag des 9. Februar 2009 in die Justizanstalt Feldkirch eingeliefert. Am frühen Abend folgte dann der Hauptbeschuldigte, der von einer Streife der Kripo überstellt wurde.

Am 10. Februar 2009 kam der Innsbrucker Gerichtsmediziner Dr. Walter Rabl nach Bregenz. Er führte am Vormittag in Anwesenheit des Staatsanwaltes und der Sachbearbeiter des LKAs die Obduktion durch. Dabei wurden die schweren Verletzungen des Opfers entsprechend dokumentiert.

> Die Tätigkeit der Gerichtsmedizin teilt sich auf mehrere Bereiche auf, u. a. auf die Durchführung und Dokumentation bei der Obduktion sowie auf die spätere Gutachtenerstellung. Die Gerichtsmediziner werden eigentlich immer als Sachverständige zur Hauptverhandlung beim Landesgericht geladen, damit sie den Richtern und den Geschworenen die näheren Umstände, die zum Tod des Betroffenen geführt haben, genau erklären können.

Zusätzlich werden bei jeder seitens der Staatsanwaltschaft angeordneten Obduktion auch mikroskopisch-histologische und chemisch-toxikologische Untersuchungen (Nachweis von Alkohol, Medikamenten und Drogen) durchgeführt.

Da die Staatsanwaltschaft die Gerichtsmedizin Innsbruck auch mit der Begutachtung der Verletzungen der anderen Beteiligten beauftragt hatte, wurden die verletzten Personen am Nachmittag vom Gerichtsmediziner untersucht. Auch darüber hatte Dr. Walter Rabl Gutachten zu erstellen, die er dann dem Gericht vorgelegt hat.

Beerdigung

Der Rosenkranz für Reinhard, der ausgerechnet an seinem Geburtstag umgebracht worden war, fand am Freitag, dem 13. Februar 2009, statt.

Da mit einer entsprechenden Teilnahme der Skinheads gerechnet werden musste, wurde der Nahbereich der Kirche in Hörbranz von der Exekutive überwacht.

Zuvor fragte ich beim Chef der *„Outsiders"* telefonisch nach, ob sie (*„Outsiders"*) sich am Rosenkranz oder der Beerdigung beteiligen werden. Obwohl sie dies gerne machen wollten, gab der Präsident (so eigentlich die richtige Bezeichnung bei der Rockergruppierung) bekannt, dass sie aus *„Vernunftsgründen"* darauf verzichten werden. Sie würden später als Zeichen der Anteilnahme ein Kreuz aufstellen. Da mir der Präsident persönlich bekannt war und ich wusste, dass man sich auf sein Wort verlassen konnte, wurde dies bei der Planung des Polizeieinsatzes entsprechend berücksichtigt.

Auch bei der Beerdigung am nächsten Tag wurden aus Sicherheitsgründen polizeiliche Maßnahmen angeordnet. Zahlreiche Mitglieder des Neonazi-Netzwerks *„Blood & Honour"* reisten (auch aus dem Ausland) an und marschierten demonstrativ durch das Leiblachtal.

Nach der Beerdigung begaben sich ca. 100 Skinheads nach Lauterach und blockierten die L190. Obwohl die Demonstration nicht angemeldet worden war, wurde hier mit Augenmaß entschieden, dass man den Personen die Demo als Verabschiedungsveranstaltung zuließ.

Sowohl der Rosenkranz als auch die Beerdigung und die Demonstration verliefen ruhig. Möglicherweise war das auch auf den Einsatz der vielen Polizeibeamten zurückzuführen.

Rekonstruktion

Für die Polizei stand die nächste Herausforderung bevor. Die Staatsanwaltschaft hatte die Sache besprochen und empfohlen, dass eine Rekonstruktion (d.h. alle Beteiligten haben die Möglichkeit, einer Kommission, die aus Richter/Staatsanwalt/Polizei, Rechtsanwälten und Sachverständigen besteht, den Ablauf der Tat zu schildern), mit

Beteiligung der Beschuldigten, durchzuführen sei.

So eine Rekonstruktion musste gut vorbereitet werden: Absicherung des Tatorts, Sicherung der teilnehmenden Personen, Terminkoordination etc.

Da bereits nach kurzer Zeit der Rechtsanwalt der beiden Beschuldigten mitteilte, dass seine Mandanten an einer Rekonstruktion nicht teilnehmen werden, wurde die Rekonstruktion von der Untersuchungsrichterin abgesagt.

Verhandlung / Urteil

Das Interesse an den Verhandlungen, insbesondere an der Mordverhandlung, war enorm. Die Polizei wurde vom Gericht ersucht, den Gerichtssaal entsprechend zu sichern und Personenkontrollen durchzuführen (das wird bei aufsehenerregenden Prozessen öfters durchgeführt). Skinheads und Rocker verhielten sich ruhig, es kam zu keinerlei Problemen.

Oliver wurde wegen absichtlich schwerer Körperverletzung zu 23 Monaten Haftstrafe verurteilt. Er wurde zusätzlich noch wegen fahrlässiger Körperverletzung verurteilt, da er u. a. einen seiner Vereinskollegen mit dem Baseballschläger niedergeschlagen hatte. Dabei spielten auch seine zahlreichen Vorstrafen eine wesentliche Rolle.

Der Hauptbeschuldigte Patrick plädierte bei der Verhandlung auf Notwehr. Er gab zu, dass er die Messerstiche ausgeführt habe, er habe aber in Notwehr gehandelt. Das Geschworenengericht sah das aber anders und verurteilte den Angeklagten wegen Mordes und Mordversuchs zu 16 Jahren Haft.

NORBERT SCHWENDINGER PERSÖNLICH

Muss ein Polizist jederzeit erreichbar sein?

Für Polizisten gibt es – außer in besonderen Fällen (Rufbereitschaft) – keine Verpflichtung, ständig erreichbar zu sein. Ich persönlich war aber eigentlich immer – außer im Urlaub – erreichbar, auch nachts lag mein Handy in Griffnähe. Nicht immer zur Freude meiner Partnerin.

Es kam oft vor, dass ich in der Nacht angerufen oder in den Dienst geholt wurde. Für mich war das Teil meiner Arbeit, aber es ist etwas, das ich jetzt im Ruhestand genieße. Ich weiß, dass ich in der Nacht nicht mehr angerufen werde. Das hat die Lebensqualität stark erhöht.

Ex-Schüler kündigte Amoklauf an

Festnahme nach Amokdrohung – Verdächtiger wollte ehemaligen Mitschülern Angst machen.

...haben soll. Der ehemalige Schüler hatte mehrere Postings, E-Mails und Briefe verschickt, in denen er verkündete, 12 Menschen töten zu wollen. Der 20-Jähri...

Der Tatverdächtige habe auch eine Todesliste verfasst, vorwiegend mit ehemaligen Mitschülern, die ihn gemobbt hätten. Auch der Name des Schuldirektors soll sich auf der Liste befinden.

Die Amokdrohungen unterzeichnete der 20-Jährige mit „Zodiac". Dasselbe Pseud...

Amoklauf am Rosenmontag

Vorgeschichte

Eine über die Medien verbreitete Nachricht, die mit den Worten *„This is the Zodiac speaking"* begann, sollte am 2. Februar 2010 für große Aufregung in Vorarlberg sorgen. Die Polizei wurde vom Medienhaus (Russmedia) in Schwarzach darüber informiert, dass jemand in ihrem Internetforum für den Rosenmontag, den 15. Februar 2010, um 10.00 Uhr einen Amoklauf und die Tötung von mindestens zwölf Menschen in einer Oberländer Schule angekündigt habe.

In der, an diesem Tag online gestellten, Nachricht teilte der Unbekannte mit, dass er für jedes der zwölf Zodiak Tierkreiszeichen einen Menschen töten werde. Er habe drei Amokwarnungen an die Polizei, das Vorarlberger Medienhaus und die Schule selbst versandt. Der Polizei habe er *„seine"* Todesliste mit zwölf Namen mitgeschickt, schrieb er in seiner Verlautbarung.

In der betroffenen höheren Schule herrschte Panikstimmung. Wer stand auf der Todesliste?

Der Direktor, der auch einen Brief mit der Amokankündigung erhalten hatte, meldete sich unverzüglich bei der Polizei. Er wollte die angeführte Todesliste sehen, damit er seine Lehrer entsprechend informieren konnte. Da in dieser Schule aber eine sehr große Anzahl an

Lehrkräften tätig war, wurde die Liste vorab – nach Rücksprache mit dem Landeskriminalamt – unter Verschluss gehalten. Es würde keinen Sinn machen, noch mehr Unruhe in den Schulbetrieb zu bringen.

Inzwischen ging ein weiteres Posting bei „*vol.at*" ein, indem der Täter eine weitere Drohung aussprach, da sein erster Beitrag von der Redaktion gelöscht worden war. Er schrieb in diesem zweiten Eintrag, dass er zwölf weitere Personen töten werde, d.h. insgesamt 24 Personen, sollte sein Eintrag wieder gelöscht werden.

Fast gleichzeitig kündigte der unbekannte Täter mit einem Maileintrag auf der Website des ORF den Amoklauf in der Schule an. Er verlangte von den Verantwortlichen des ORF, dass sie seinen Beitrag am gleichen Tag zu veröffentlichen hätten, sonst würde er am Rosenmontag weitere zwölf Personen töten.

Es waren zwar noch 13 Tage bis zum Rosenmontag, aber was war, wenn der Unbekannte seine Drohungen früher umsetzen wollte?

„*Zodiak*" dürften an diesem Tag unzählige Personen gegoogelt haben, wer war dieser „*Zodiak*" und warum verwendete der Täter diesen Namen?

Zodiak[1] bedeutet die zwölf Tierkreiszeichen.

Allerdings bezog sich der Name nicht auf die Tierkreiszeichen, sondern Zodiac-Killer[2] ist das Pseudonym eines Serienmörders in den USA, der zwischen Dezember 1968 und Oktober 1969 in der San Francisco Bay Area fünf Menschen ermordete, zwei weitere überlebten seine Angriffe schwer verletzt.

Seine Identität konnte bis heute nicht ermittelt werden.

Es gibt zahlreiche Lektüren über diesen Killer, in Amerika wurde im Jahre 1971 erstmals ein Film über den Unbekannten gedreht. Im Jahre 2005 erschien eine Neuverfilmung in deutscher Sprache.

---

[1] Die Namen der uns heute bekannten Tierkreiszeichen werden seit der Antike von den zwölf Sternbildern abgeleitet. Das Tierkreiszeichen-Jahr beginnt mit der Tag-und-Nacht-Gleiche im Frühling. In der Ekliptik (der Konstellation von Sonne, Mond und Planeten) werden alle zwölf „Zodiac"-Zeichen gleichmäßig in einem Kreis angeordnet. Jedem Sternzeichen schreibt man Eigenschaften zu, die von ihrem tierischen oder symbolischen Stellvertreter definiert werden. Quelle: https://de.wikipedia.org/wiki/Zodiak

[2] Infos: https://de.wikipedia.org/wiki/Zodiac-Killer

Ermittlungen

Die Angst, dass der Unbekannte seine Drohungen früher als angekündigt umsetzen könnte, war durchaus berechtigt. Das konnte man auch daraus ableiten, dass er ganz offensichtlich zornig wurde, weil eine Onlineplattform seinen Eintrag gelöscht hatte. Auf der anderen Seite stellte sich die berechtigte Frage, was wollte der Mann mit seinen Veröffentlichungen? Wollte er nur Angst verbreiten, wollte er seine Wahnsinnstat frühzeitig ankündigen, nach dem Motto, man hätte es ja verhindern können. Wir wussten es zu diesem Zeitpunkt nicht.

Fakt war, dass es am 2. Februar 2010 innerhalb des Landeskriminalamts und der damaligen Sicherheitsdirektion rund ging. Eine objektive Beurteilung seiner Drohungen war in der kurzen Zeit gar nicht möglich.

Fest stand weiters, dass die Ermittlungen sofort zu beginnen hatten. Bereits auf der Fahrt nach Feldkirch klärte ich mit unserem IT-Chef ab, ob er eine Möglichkeit habe, auf den Verfasser der Mails bzw. der Einträge zuzugreifen. Er war bereits informiert und hatte umgehend mit seinen Recherchen begonnen. Diese Abklärungen gestalteten sich nicht einfach, da man auf eine Zusammenarbeit mit den Providern angewiesen war.

In der Schule gingen bereits Gerüchte um. Es herrschte Angst.

Auch in unserem Team war die Situation angespannt. Jeder wollte etwas tun, man wollte den Täter finden, damit wieder Ruhe einkehrte. Ein Kollege war ziemlich nervös, da seine Tochter auch die bedrohte Schule besuchte. Momentan hieß es aber „Bitte warten", da es keinerlei Anhaltspunkte auf den Täter gab. Die Verlautbarungen in den Foren ergaben keine Hinweise auf die Identität oder den Aufenthaltsort des Täters. Die IT-Gruppe war wieder einmal sehr gefordert, denn dies war die einzige Möglichkeit, einen Ermittlungsansatz zu finden.

Offensichtlich war es dem Täter wichtig, mit seinen Veröffentlichungen Aufmerksamkeit zu erreichen. Es war unverkennbar, dass er erreichen wollte, dass über ihn gesprochen wird. So wie in besagtem

Film immer über Zodiak gesprochen worden war. Zodiak war der Gesprächsstoff der Redakteure. Ganz offensichtlich wollte der Unbekannte etwas Ähnliches erreichen.

Aber warum? Diese Frage stellten wir uns immer wieder.

Erster Ermittlungsansatz war die Schule selbst. Es wurden Abklärungen gemacht, ob es Probleme mit Personen gegeben hatte, die zu einer solchen Tat verleiten könnten. Da es sich um eine große Schule mit einigen Hundert Schülern handelte, war die Aussage des Direktors verständlich, dass es immer wieder mit dem einen oder anderen Schüler Probleme gegeben habe. Trotzdem würde ihm niemand einfallen, der so etwas machen könnte.

Ungeachtet der weiteren Tätigkeiten wurden mehrere Polizeibeamte in Uniform für die verstärkte Überwachung der Schule eingeteilt. Das sollte vor allem etwas zur Beruhigung im Schulbetrieb beitragen.

Polizeiintern wurde nach vergleichbaren Drohungen, insbesondere mit dem Bezug auf *„Zodiak"* gesucht. Doch auch das verlief ohne Erfolg. Es hatte noch nie einen Hinweis zu diesem amerikanischen Serienkiller gegeben. Klar, Drohungen und ähnliches gab es öfters, auch in Schulen, sie waren aber mit dem aktuell vorliegenden Fall nicht vergleichbar.

Inzwischen hatte der IT-Chef gute Nachrichten: Über den Mailbetreiber war er zu einer IP-Adresse gekommen. Diese war einer Frau in Feldkirch zugewiesen, er nannte mir den Namen und die Adresse.

Die Daten wurden umgehend polizeilich überprüft: An der genannten Adresse war neben der Frau auch ihr 20-jähriger Sohn wohnhaft.

Eine Anfrage beim Direktor der Schule ergab, dass der 20-Jährige bis 2009 seine Schule besucht hatte. Es gab ab und an kleinere Probleme mit dem jungen Mann, die schulischen Leistungen seien immer schlechter geworden, aber bevor Maßnahmen seitens der Schule gesetzt werden mussten, habe der Schüler die Schule selbst verlassen.

Aufgrund der konkreten und massiven Drohungen musste der Mann als gefährlich eingestuft werden. In solchen Fällen wird die Cobra-Truppe eingesetzt, die für solche Einsätze speziell geschult ist.

Drei Streifen des Landeskriminalamtes fuhren umgehend zu besagtem Haus, um die Situation zu beobachten, sowie die Gegend abzusichern und um sicherzustellen, dass der mögliche Täter das Haus nicht verlässt. Hätte er das Haus verlassen, wäre es ihre Aufgabe gewesen, den Mann zu observieren, ein Zugriff wäre jedenfalls der Cobra vorbehalten.

Solche Situationen werden regelmäßig in der Theorie besprochen und im Ernstfall auch entsprechend umgesetzt. Ein Zugriff vor dem Eintreffen der Cobra wird nur in äußerst kritischen Situationen gemacht. Das bezeichnet man auch als Notzugriff. Damit soll verhindert werden, dass der Mann außer Kontrolle der Exekutive gerät oder plötzlich eine nicht erwartete Handlung setzt.
Für solche Zugriffe werden unsere Beamten ausgebildet, trotzdem werden bei jedem kritischen oder gefährlichen Einsatz die Cobra-Beamten beigezogen, da diese für solche Situationen laufend und eingehender trainiert werden.
Bevor die Cobra zum Einsatzort fahren konnte, mussten bei der Staatsanwaltschaft entsprechende Verfügungen eingeholt werden. Der Staatsanwalt erteilte mündlich die Anordnungen zur Festnahme des Verdächtigen und zur Durchsuchung des Hauses. Er stimmte zudem einer gewaltsamen Türöffnung durch die Cobra zu.
Manche werden sich fragen, warum die Cobra in diesem Fall die Haustür mit Gewalt öffnen muss, man hätte ja das Haus umstellen und klingeln können. Hierfür waren einfach zu viele Unsicherheitsfaktoren im Spiel: Niemand wusste, was die Polizisten in dem Haus erwarten würde. Hatten sie es mit einem Einzeltäter zu tun, war er bewaffnet, hätte er eventuell weitere Personen, die sich zu diesem Zeitpunkt in dem Haus aufgehalten hatten, in seine Gewalt bringen und als Geisel nehmen können, etc.
Die Sicherheit der unbeteiligten Personen, aber auch der einschreitenden Polizisten, muss in solchen Fällen immer an oberster Stelle stehen. Wobei aber auch angeführt werden darf, dass immer mit der möglichsten Zurückhaltung und nur mit der unbedingt erforderlichen Gewaltanwendung vorgegangen wird.

Auf dem Weg zum Einsatzort wurde die Vorgangsweise besprochen: Aufgabe der Cobra war, neben der Öffnung der Tür, die Festnahme des bislang noch unbekannten Mannes sowie die Absicherung im Haus. Es war auch ihre Aufgabe, sich zu vergewissern, ob wir es in diesem Fall nur mit einem oder eventuell sogar mit mehreren Tätern zu tun hatten. Dies bedeutete für die Cobra-Beamten ein schnelles Eindringen ins Haus, damit sich der oder die Täter nicht in einem der Räume verstecken oder einsperren konnten. Der Überraschungseffekt ist bei so einem Einsatz eminent wichtig.

Das Haus lag in einem Randbezirk von Feldkirch. Eine ruhige Gegend, hauptsächlich Einfamilienhäuser, keine Firmen oder größere Wohnblocks.

Eine Nachfrage bei den Observationsteams ergab, dass mehrere Personen im Haus seien. Die Personen konnten allerdings nur als Schatten durch die zugezogenen Vorhänge gesehen werden. Es sei alles ruhig, keine Person hatte das Haus verlassen.

Somit konnte ich der Cobra den Zugriff freigeben. Sie schlichen sich – maskiert wie immer (auch für ihre persönliche Sicherheit) – zur Haustür. Sechs Cobra-Beamte hielten sich beim Stiegenaufgang auf. Die Haustüre konnte über eine Stiege mit fünf Stufen erreicht werden. Der Bereich war von der Straße aus gut einsehbar. Gekonnt schlichen die Beamten zur Türe. Einer der Beamten nahm die Handramme und schlug mit voller Wucht gegen die Haustür. Nichts passierte. Ein weiterer Schlag. Und wieder passierte nichts. Jetzt kam ihm ein zweiter Beamter zu Hilfe. Gemeinsam schlugen sie gegen das Türschloss. Aber erst beim vierten Schlag ging die Tür auf.

> Später erklärten die Cobra-Beamten, dass sie zwischen dem Stiegengeländer und der Haustüre zu wenig Platz gehabt hätten und daher den Schwung, der notwendig gewesen wäre, nicht anwenden konnten. Zudem war es eine sehr massive Eingangstür.

Gleich nachdem die Türe aufgedrückt war, ging alles wie im (Cobra-) Bilderbuch. Mehrere dunkel maskierte Polizisten stürmten ins Haus und verteilten sich im Erdgeschoß. Da seitens der zuvor observierenden Beamten die Info vorlag, dass sich mehrere Personen in einem bestimmten, von außen nicht erkennbaren, Raum aufhielten, rannten mehrere Beamte gleich in diesen Raum. Es war das Esszimmer. Am Tisch saßen eine ältere Frau, ganz offensichtlich die Anschluss-Teilnehmerin, ein ca. 20-jähriger Mann und eine jüngere Frau mit drei kleinen Kindern.

Wenn Kinder bei so einem Einsatz anwesend sind, ist das immer etwas problematisch, da sie durch die maskierten Beamten, die nur sehr schwer als Polizisten zu erkennen sind, erschrecken und oft geschockt sind. In solchen Fällen ist danach das Gespräch mit den Kindern sehr wichtig, damit man ihnen den Einsatz erklärt und ihnen auch verdeutlicht, dass die Polizisten nicht die „Bösen" sind.

Im aktuellen Fall übernahm dies eine Kollegin, die dafür geschult war.

Der Verdächtige wurde von drei Cobra-Beamten zu Boden gedrückt und dort fixiert. Einer der Beamten legte ihm Handfesseln an. Dieses Einschreiten zeigte aber auch gleich eine – für uns – positive Reaktion, da der Mann, Johann, gleich sagte, dass er es gewesen sei, er gebe alles zu.

Der junge Mann war groß gewachsen und recht kräftig. Er hatte allerdings keinen trainierten Körper, er war einfach nur dick.

Die Mutter, die zuvor am Tisch offensichtlich vor dem Essen noch ein Gebet gesprochen hatte, war sehr aufgebracht und musste von uns beruhigt werden.

Die junge Frau, die Schwester des Täters, nahm die Sache eher gelassen, sie hatte lediglich Sorgen um ihre Kinder. Sie erklärte, dass sie im Haus nebenan wohne und nur zum Abendessen gekommen sei.

Nachdem ein Kollege ihre Personalien notiert hatte, konnte sie mit ihren drei Kindern wieder zurück in ihr Haus gehen. Unsere Kollegin begleitete sie und betreute die Kinder und auch die junge Frau noch eine kurze Zeit im Nebenhaus.

Die Durchsuchungsteams begannen inzwischen mit der Durchsuchung des Hauses. Die Cobra-Beamten sicherten die Amtshandlung und begleiteten Johann, der gleich bereit war, seine Räumlichkeiten zu zeigen. Er hatte ein großes Zimmer im 1. Stock des Hauses. Die Einrichtung war etwas älter, aber zweckdienlich. Auf einem Kästchen stand ein großer Fernseher, am Schreibtisch ein PC, der noch eingeschaltet war. Der Bildschirmschoner war aktiv und nicht passwortgesichert.

In einem Regal konnten zahlreiche Bücher über Hitler, den Zweiten Weltkrieg und über Serienkiller in den USA gefunden werden. Ein recht dickes Buch trug den Titel *„Zodiak"*. Ebenso konnten sie Hitlers Buch *„Mein Kampf"* sicherstellen.

Die Koordinatorin der Hausdurchsuchung notierte sich die einzelnen Gegenstände, bevor sie in eine große Schachtel gegeben wurden. Eine Vielzahl an DVDs und einige Videokassetten wurden – da ihre Beschriftungen auf Gewaltszenen hinwiesen – auch notiert und in die Schachteln gepackt. Danach wurde der Computer heruntergefahren, die herumliegenden USB-Sticks wurden genauso mitgenommen wie eine externe Festplatte.

Johann verhielt sich sehr kooperativ, Fragen beantwortete er ohne Widerrede. Bereits im Zimmer schilderte er sein Leben. Er ging gerne in die Schule und war eigentlich ein guter Schüler. Danach wechselte er die Schule. Dann begannen seine Probleme. Aufgrund seiner Größe und seiner pummeligen Figur hänselten ihn die Mitschüler von Anfang an. Freundschaft zu schließen war unmöglich. Auch die Mädchen wollten von ihm nichts wissen, obwohl er immer freundlich war.

Aber auch zuhause begannen die Probleme. Sein Halbbruder machte schon früh Schwierigkeiten. Er zog glücklicherweise aber aus. Die Mutter übte immer wieder Druck auf ihn aus. Sie wollte immer – unter irgendeinem Vorwand – in sein Zimmer. Meistens sagte sie, dass sie das Zimmer putzen muss. Johann wollte das aber nicht, da er sein Zimmer als sein *„Reich"* betrachtete. Daher hatte auch niemand etwas darin zu suchen. Anfänglich gab es nur gelegentlich, später dann relativ oft Streitereien mit der Mutter.

Johann gab an, dass ihn das sehr getroffen habe, da er seine Mutter sehr liebe. Sie hatte ihn praktisch allein aufgezogen, zu seinem Vater hatte er kaum Kontakt, da dieser die Familie schon recht früh verlassen hatte. Sein Vater war Alkoholiker und bekam immer wieder Probleme mit dem Gesetz.

Sein älterer Bruder hatte einen anderen Vater, den Johann gar nicht gekannt hatte. Auch dieser verließ die Familie relativ früh.

Die Mutter war meistens allein und kümmerte sich um die Kinder. Mit der älteren Schwester verstand sich Johann sehr gut.

Während der Durchsuchung saß ich mit der Mutter des Beschuldigten am Esstisch. Sie schilderte ihre Probleme, die sie mit Johann gehabt hatte. Er sei früher ein *„normaler"* Junge gewesen, in der Schule aber aufgrund seines Aussehens, insbesondere seiner Größe, immer wieder gehänselt worden. Während er am Anfang schulisch relativ gut mitkam, wurden die Leistungen immer schlechter. Er hatte sich immer mehr zurückgezogen. Nachdem er die Schule *„geschmissen"* hatte, wollte er arbeiten gehen. Er hatte eine Stelle als Arbeiter in einer großen Firma gefunden, anfangs freute er sich sogar darauf. Aber irgendwie klappte es nicht, nach drei Monaten kündigte er diese Stelle. Einen Grund nannte er nicht. Danach war die Situation immer schlimmer. Er hat sich immer mehr in sein Zimmer zurückgezogen und dort in *„seiner"* Welt, die er sich selbst erschaffen hatte, gelebt. Sie durfte sein Zimmer nicht betreten, daher bekam sie auch nicht mit, dass er sich in dieser Welt hauptsächlich mit Gewalt- und harten Pornovideos sowie mit Büchern über den Zweiten Weltkrieg, Hitler und verschiedene amerikanische Killer beschäftigte. Sie habe keinen Weg mehr zu ihm gefunden. Sie durfte das Zimmer nicht einmal aufräumen. Johann sperrte die Tür immer zu.

Sie habe nur noch erreichen können, dass er freiwillig einen Arzt aufgesucht habe, der ihr mitgeteilt habe, dass Johann Anzeichen von Schizophrenie habe. Der Arzt habe Johann Tabletten verschrieben, die er regelmäßig nehmen musste. Soweit sie es mitbekommen habe, habe er das eigentlich auch gemacht.

Die Durchsuchung der Räumlichkeiten war beendet, die Kollegen luden einige Schachteln in die Dienstautos. Eine Kripo-Streife fuhr inzwischen mit dem Häftling – in Begleitung der Cobra – zum Landeskriminalamt. Der Leiter der Polizeiinspektion informierte und betreute parallel die Lehrer und Schüler der betroffenen Schule.

Johann wurde in einen Vernehmungsraum beim Landeskriminalamt gebracht. Zwei Beamte begannen mit der Vernehmung. Johann war ruhig und beantwortete die Fragen recht schnell. Er erzählte von sich aus, dass es ihm momentan gut gehe, da er seine Tabletten bereits genommen habe.

Vernehmung

Im Vernehmungszimmer erzählte Johann weiter.

Aufgrund der Probleme sei es ihm immer schlechter gegangen. Er habe sich zurückgezogen und sich die meiste Zeit in seinem Zimmer aufgehalten. Das habe seiner Mutter gar nicht gepasst, da sie ihn immer wieder aufgefordert habe, dass er endlich mal arbeiten gehen solle, damit er auch Geld nach Hause bringe. Sie habe ihm Vorwürfe gemacht, dass sie kaum Geld habe und ihn auch noch verpflegen müsse.

Auf Drängen seiner Mutter habe er dann einen Arzt aufgesucht, der bei ihm eine psychische Erkrankung festgestellt habe. Dieser habe ihm Tabletten verschrieben und ihm ausdrücklich erklärt, dass er diese Tabletten regelmäßig nehmen müsse. Meistens habe er das auch gemacht, da er dann ruhiger geworden sei.

In der Schule sei es aber nicht besser geworden. Das Mobbing seiner Mitschüler und die schlechten Noten, die er von den Lehrern bekommen habe, hätten ihn fertiggemacht. Nur in seinem Zimmer habe er sich wohlgefühlt.

Dort habe er sich auch Gedanken über eine Mitschülerin gemacht, ein hübsches Mädchen, aber er habe sich nicht getraut, das Mädchen anzusprechen. Sie habe sich immer mit ihren Freundinnen unterhalten und ihn nicht weiter beachtet.

In seiner Verzweiflung habe er ihr Briefe geschrieben, die er aber nie abschickte.

Bei der Hausdurchsuchung wurden sieben Briefe, die alle an das Mädchen aus seiner früheren Klasse adressiert waren, gefunden. Mit seiner Genehmigung durften die Beamten die Briefe öffnen. Es waren Liebesbriefe.

Johann fragte sich immer wieder, warum das Mädchen nicht reagierte, aber wie sollte das Mädchen etwas von seinen Gefühlen wissen, wenn er es ihr nie gesagt bzw. ihr keinen der Briefe geschickt hatte?

Das Gefühl für das Mädchen habe sich von Liebe in Hass gewandelt, da sie ihn einfach ignorierte. Diese Hassgefühle hätten sich über einen Zeitraum von drei Monaten immer mehr verstärkt. Er habe eine richtige Wut auf sie gehabt. Diese Wut sei so weit gegangen, dass er sich – in *„seiner Welt"* – vorgestellt habe, wie er das Mädchen bestrafen und in weiterer Folge umbringen werde.

All dies erzählte er schriftlich seinem geliebten Computer, denn dieser nahm alles zur Kenntnis. Seine Gedanken speicherte er mit einem Passwort ab. Er wollte sicher gehen, dass dies niemand – außer ihm – lesen konnte.

Verschlüsselte Dateien

Bei der Vernehmung stimmte Johann zwar der Auswertung seines Computers zu, er weigerte sich allerdings, das Passwort für die verschlüsselten Dateien bekannt zu geben. Dies war eigentlich das einzige Mal, als Johann nicht kooperativ war, er meinte wörtlich, *„dass der Bulle, der ihn gefunden habe, dieses Passwort halt knacken solle"*.

Und somit war unser IT-Abteilung wieder am Zug. Es gelang relativ schnell, die Word-Dateien zu öffnen. Johann hatte ein einfaches Passwort verwendet.

Was wir dabei zu lesen bekamen, schockierte sogar uns!

Die Dokumente, die Johann in Bezug auf das Mädchen angelegt hatte, begannen recht harmlos. Anfänglich waren es die Liebesbriefe, die wir ohnehin schon lesen durften. Dann beschrieb er sehr detailliert, dass er nicht verstehen konnte, warum das Mädchen ihn ignorierte.

Von Dokument zu Dokument steigerte sich sein Hass auf das Mädchen. Er beschrieb in seinen Textdateien, wie er sich an dem Mädchen rächen werde. Das Mädchen sollte für ihre Ignoranz sterben, dies schrieb er bis ins letzte Detail nieder. Es war schockierend, das Mädchen würde schlussendlich – nach vielen erlittenen Qualen – von ihm durch den Tod erlöst werden. Es war eine Beschreibung, wie aus einem Kapitel seiner Lieblingslektüre „*Zodiak*".

Wenn man diese Zeilen gelesen hatte, wusste man auch als Laie der Psychologie, dass der Mann dringendst in stationäre Behandlung gehörte.

In einem weiteren Kapitel, sein Hass auf die junge Frau hatte sich ganz offensichtlich noch gesteigert, führte er aus, dass er das Elternhaus des Mädchens anzünden werde, damit alle bestraft würden.

In diesem Abschnitt beschrieb er ganz genau, wie er zu einer Tankstelle in Feldkirch gegangen sei, dort einen Plastikkanister gekauft und mit Benzin gefüllt habe. Nach dem Bezahlen habe er den Kanister in seinen Rucksack gegeben und sei mit dem Bus zur Adresse des Mädchens gefahren.

Dort habe er sich in einem Gebüsch versteckt und gewartet. Er habe gesehen, dass das Mädchen mit dem Fahrrad nach Hause gekommen und ins Haus gegangen sei. Kurz danach habe er das Mädchen mit seinen Eltern im Erdgeschoss gesehen. Den Kanister habe er bereits aus dem Rucksack genommen. Sein Plan sei gewesen, den Inhalt an die Hauswand zu schütten und anzuzünden. Damit sollten das Mädchen und seine Eltern bestraft werden. Er schrieb weiter in seinem Dokument, dass das Haus lichterloh gebrannt habe. Die Leute seien schreiend aus dem Haus gekommen und ein Stück weggerannt. Er sei dann zufrieden nach Hause gegangen.

Auf die konkrete Frage bei der Vernehmung, ob sich das alles nur in seinen Gedanken abgespielt habe oder ob er das tatsächlich geplant habe, gab er an, dass fast alles, das er dazu geschrieben habe, richtig sei.

Die finale Umsetzung habe er dann aber doch nicht ausgeführt.

An einem Abend habe er plötzlich so einen Wutanfall auf das Mädchen bekommen, dass er wirklich zu einer Tankstelle gefahren sei. Der weitere Ablauf stimme auch, lediglich ab dem Zeitpunkt mit dem Benzin verschütten sei es Fantasie. Er sei aber – nicht nur einmal – im Gebüsch in der Nähe des Hauses „*seines*" Mädchens gesessen und habe alles beobachtet. In dieser Nacht habe er das Haus abbrennen wollen. Das sei das erste Mal gewesen, dass er zu so einer extremen Handlung geneigt habe.

Irgendwie habe dann aber sein Medikament gewirkt. Er habe, als er im Gebüsch gesessen sei, noch eine Tablette genommen und sei wieder zur Vernunft gekommen.

Mit dem Kanister im Rucksack sei er danach nach Hause gegangen. Der Kanister stehe noch immer in der Garage bei seiner Mutter. Dort konnten wir ihn auch tatsächlich sicherstellen.

Die vernehmenden Beamten, ich setzte mich inzwischen auch dazu, waren von den Erzählungen sichtlich schockiert. Johann hingegen blieb ohne irgendeine Regung. Spätestens ab diesem Zeitpunkt war allen klar, dass von dem Mann wirklich eine Gefahr ausgegangen war. Man konnte auch sagen, dass er eine „tickende Zeitbombe" war.

In weiteren vier Kapiteln beschrieb er, wie er das Mädchen in seiner Fantasie umgebracht hat. In jedem Teil führte er eine andere Tötungsart an, die jeweils immer brutaler wurde.

Mordauftrag

Aber damit war nicht genug: Johann begann plötzlich zu erzählen, dass er am Freitag, dem 29. Jänner 2010, Stimmen in seinem Kopf gehört habe. Diese hätten ihm den Auftrag erteilt, dass er einfach irgendjemanden umbringen müsse.

Die Stimmen hätten ihm das immer wieder gesagt. Er sei in seinem Zimmer gesessen und habe sich nur den Kopf gehalten. Die Stimmen wurden nicht laut, aber es waren unterschiedliche Stimmen, die ihm – fast schon flüsternd – sagten, dass er endlich gehorchen müsse. Es habe einfach nicht aufgehört.

Schließlich sei er mit dem Auto seiner Mutter in die Stadt gefahren. Dort habe er das Fahrzeug geparkt und sei zu Fuß durch die Altstadt spaziert. Er habe zuvor zwei lange Messer aus der Schublade in der Küche genommen und diese in seiner Jacke verwahrt. Er habe keine genaue Vorstellung gehabt, wen er denn nun wirklich töten werde, aber die Stimmen in seinem Kopf hätten ihren Auftrag laufend wiederholt. Irgendwie habe er erwartet, dass ihm die Stimmen plötzlich sagen werden, dass er jetzt auf das Gegenüber einstechen müsse. Dieser Befehl sei ihm aber nicht erteilt worden.

Er schilderte den weiteren Verlauf ganz ruhig: Fast zwei Stunden lief er ziellos durch die Stadt, er hatte niemanden konkret im Visier, wahrscheinlich hätte er einfach einen Unbekannten niedergestochen. Er hielt eines der Messer immer in seiner rechten Hand, die er unter der Jacke verborgen hielt.

Wahrscheinlich war es Glück, dass an diesem Abend wenige Menschen in der Stadt unterwegs waren. Schlussendlich stieg er – ohne etwas zu tun – wieder ins Auto ein. Aber nein, er fuhr noch nicht nach Hause, denn ein Opfer bot sich schon noch an. Also fuhr er direkt zum Haus seiner *„Angebeteten"*, denn dort würde er sicher ein Opfer, egal ob das Mädchen, die Mutter oder den Vater, antreffen.

Glücklicherweise war das Haus vollkommen dunkel. Plötzlich hatte er sich wieder einigermaßen beruhigt und fuhr auf einen Parkplatz bei einem Einkaufsmarkt in Feldkirch. Dort nahm er seine Tabletten. Danach verschwanden die Stimmen aus seinem Kopf. Er blieb noch einige Zeit im Auto sitzen, ehe er nach Hause fuhr und in sein Zimmer ging.

Wie schon so oft, schaut er dann den Film *„Zodiak"*.

Tankstellenüberfälle

Doch es gab noch mehr zu erzählen: Es konnten weitere verschlüsselte Dateien auf seinem Computer gefunden werden.

In zwei weiteren Schriftstücken schilderte er jeweils bis ins letzte Detail, wie er – bewaffnet – Tankstellen im Oberland überfallen und ausgeraubt hatte. Der Chef unserer Raubgruppe wurde hellhörig. Tatsache war, dass diese beiden Tankstellen tatsächlich zur beschriebenen Zeit von einem nach wie vor unbekannten Mann überfallen worden waren. In beiden Fällen verwendete der Täter eine Faustfeuerwaffe und bedrohte die Tankstellenangestellten damit.

Es war klar, dass die Angaben, die Johann niedergeschrieben hatte, nun genau überprüft werden mussten. Es stellte sich aber schnell heraus, dass Johann diese Straftaten nicht begangen haben konnte. Bei beiden Tankstellen waren Videoaufnahmen vorhanden, auf denen zumindest die Statur des Täters recht gut erkennbar war.

Wir waren nun gespannt, was Johann dazu sagen würde. Es kam so, wie wir es schon erwartet hatten: Johann hatte aus den Medien von den beiden ungeklärten Tankstellenüberfällen erfahren. Er hatte diese Artikel immer wieder gelesen, wenn er in seinem Zimmer war. Er stellte sich in seiner Welt vor, wie er diese Tankstellen überfallen hatte. Er hatte das so perfekt gemacht, dass die *„Bullen"* ihn nie erwischen würden, so seine Worte, genau wie *„Zodiak"*, der in Amerika mehrere junge Liebespaare in ihren Autos erschossen hatte und auch nie erwischt worden war.

Aufgrund der Berichterstattung in den Medien habe er sich tatsächlich vorgestellt, wie er, mit einer Pistole bewaffnet, in die Tankstelle gegangen sei und den Raub durchgeführt habe. Er habe sich dabei wohlgefühlt. Er sei danach vom Tatort geflüchtet. Auch im zweiten Fall sei er so vorgegangen. Die ältere Frau, die in der Tankstelle gearbeitet hatte, sei sehr erschrocken, als er mit dem Sturzhelm und der Pistole in das kleine Gebäude gestürmt sei. Sie habe ihm gleich das Geld gegeben. Auch bei diesem Fall habe er ganz einfach flüchten können. Er gab dann aber an, dass er das alles nur in seiner Fantasie erlebt habe. Es klang sogar glaubwürdig, als er bei der Vernehmung sagte, dass er sich das nie getraut hätte. In der Realität sei er nicht so mutig gewesen. Aber in seinen Gedanken habe er alles machen können, dann sei er wie Zodiak gewesen.

Ankündigung des Amoklaufs

Schlussendlich kamen die Beamten in der Vernehmung zu den Punkten mit dem angekündigten Amoklauf und der Todesliste.

Johanns Augen leuchteten, als er gefragt wurde, wie er zu dieser Idee gekommen sei.

Es sei leicht gewesen, die Namen auf seiner Todesliste zu erfassen. Es seien die zwölf Lehrer gewesen, die ihm schlechte Noten gegeben hatten. Zudem hätten sie ihn besser behandeln müssen. Er hätte – so seine Aussage – natürlich auch genug Schüler für so eine Liste gehabt. Da sei er aber auf ein Problem gestoßen: Bei „*Zodiak*" sind nur zwölf Sternzeichen vorgesehen.

Er habe mit seiner Aktion drei Ziele gehabt: Aufmerksamkeit erreichen, das Interesse seiner ehemaligen Mitschülerin wecken und die Lehrer sollten Angst bekommen.

Die weitere Vernehmung erbrachte keine relevanten Erkenntnisse mehr. Wir waren uns einig, dass der Mann dringend ärztliche Betreuung benötigte. Darum habe ich bei der Staatsanwaltschaft den Antrag gestellt, den Mann von einem Psychiater begutachten zu lassen.

Das ordnete die Staatsanwaltschaft nach der Einlieferung in die Justizanstalt, die am nächsten Tag erfolgte, folglich auch an.

Der Gerichtspsychiater Dr. Reinhard Haller wurde von der Staatsanwaltschaft Feldkirch mit Johanns Begutachtung beauftragt. Bei der späteren Gerichtsverhandlung attestierte der Sachverständige Johann, dass er an Schizophrenie leide.

Unwissendes Opfer

Einen Tag nach der Festnahme war ein wichtiger Termin anberaumt: Ich traf mich mit Susi – der jungen Frau, die von Johann angehimmelt wurde – und ihren Eltern in deren Haus in der Nähe von Feldkirch.
Susi beschrieb Johann als schüchternen Mitschüler, der eigentlich nur aufgefallen sei, da er recht groß und dick gewesen sei. Sie war eine aufgeschlossene und intelligente junge Frau, die aus allen Wolken fiel, als ich ihr mitteilte, dass Johann unsterblich in sie verliebt war. Die Details, auch dass er sie ermorden wollte, erzählte ich der Familie nur in Bruchteilen. Es war nicht notwendig, die Familie noch mehr in Unruhe zu versetzen.

Am nächsten Tag traf ich erneut die Mutter des mutmaßlichen Täters. Sie wiederholte nochmals – wie bereits bei der Festnahme – ihre Sorgen und Nöte. Ihre Tochter, die auch anwesend war, unterstützte sie dabei. Das Gespräch ergab für uns Ermittler aber keine Neuigkeiten.

Urteil

Das Gutachten des Dr. Reinhard Haller veranlasste dann das Gericht dazu, den Mann in eine Anstalt für geistig abnorme Rechtsbrecher einzuweisen.

Wie das Leben so spielt

Fünf Tage nach Johanns Festnahme ging beim Landeskriminalamt in Bregenz der verzweifelte Anruf einer Frau ein. Sie klang sehr aufgeregt und teilte dem Journaldienstbeamten mit, dass sie von ihrem Ex-Freund bedroht werde. Der Ex-Freund habe am Telefon angekündigt, mit einer Langwaffe zum Bahnhof Feldkirch zu gehen, um dort wahllos auf die

Leute zu schießen. Zudem hätten ihm Stimmen befohlen, dass er die Personen auch töten müsse.

Sie teilte die Daten ihres Ex-Freundes mit und bat darum, dass man sie nicht erwähnen solle, da sie Angst vor dem Mann habe.

Beim Beschuldigten handelte es sich um Martin, Johanns Halbbruder, der hochgradig schizophren war. Martin war amtsbekannt, fiel immer wieder negativ auf und die Polizei musste mehrfach gegen ihn einschreiten.

Martin hatte vor Jahren im Drogenrausch das „*Zugsurfen*" im Sinn, d.h. er versuchte auf einen bereits in Fahrt befindlichen Zug aufzuspringen. Dabei kam er zu Sturz und wurde so schwer verletzt, dass man ihm einen Arm amputieren musste.

Einschreiten

Es war ein komischer Zufall, dass etwa eine Woche zuvor sein Halbbruder wegen einer Ankündigung zu einem Amoklauf verhaftet worden war, und jetzt er einen solchen ankündigte.

Wir kontaktierten umgehend den diensthabenden Staatsanwalt und beantragten Martins Festnahme und die Durchsuchung seiner Wohnung in Feldkirch.

Eine Streife des LKAs war bereits nach Feldkirch unterwegs. Die Cobra wurde unverzüglich verständigt. Eine gewaltsame Türöffnung wäre angeordnet gewesen, diese war aber in diesem Fall gar nicht notwendig, denn die Polizisten sahen, dass ein Mann aus dem Fenster neben der Tür schaute. Daher zogen es die Beamten vor, laut zu rufen, dass er die Eingangstür öffnen solle. Dies verstärkten sie mit lautem Klopfen an der alten Holztür. Die Ramme war schon einsatzbereit, aber plötzlich ging die Haustür auf. Die Cobra-Beamten hatten ihre Waffen gezogen und forderten den Mann, den sie aufgrund der Personenbeschreibung gleich als Martin identifizierten, auf, sich sofort auf den Boden zu legen.

Martin kam dieser Anweisung widerstandslos nach. Er kniete sich auf den Boden vor der Haustür und legte sich dann, sich mit einer Hand abstützend, auf den Boden. Während zwei Cobra-Beamte die Situation absicherten, gingen zwei weitere Einsatzkräfte in die kleine Wohnung, um diese nach Waffen und Suchtgift zu durchsuchen.

In meinen Vorträgen in der Polizeischule stellte ich immer wieder die Frage, wie die jungen Kollegen einen Täter *„transportfähig"* (d.h. Anlegen von Handschellen für die Eskorte im Dienstauto) machen würden, wenn er nur einen Arm hat.

Die Einsatzleiterin vor Ort hatte die passende Idee. Sie fixierte den Arm mit den Handschellen am Hosengürtel, damit war der Transport gesichert. Da staunten sogar die Cobra-Beamten.

Martin verhielt sich recht ruhig. Auf der Fahrt nach Bregenz fuhr ein Cobra-Beamter mit. Dieser hatte sich neben den Festgenommen auf den Rücksitz gesetzt. Das wird routinemäßig so gemacht.

Martin sprach kein Wort. Er blieb auch stumm, als ihm die eine oder andere Frage gestellt wurde.

Nachdem die Cobra und die LKA-Streife den Raum verlassen hatten, sagte er plötzlich etwas. Er habe Durst und bat um ein Glas Wasser, das er in einem Zug austrank.

Dann begann er zu reden.

Ich war etwas überrascht, als er mir sagte, dass er bereit sei, Angaben zu machen, er würde aber nur mit mir allein reden. Ich hatte mit dem Mann noch nie zu tun, aber solche Wünsche, dass ein Täter mit einem speziellen Beamten sprechen wollte, kamen gelegentlich vor.

Jedenfalls zeigte es Wirkung. Als ich mit Martin allein war, begann er sofort zu erzählen. Ich hörte ihm gut 20 Minuten zu, dann sagte ich ihm, dass wir nun aber auf den Punkt kommen müssen und er Angaben zu seinen Drohungen machen solle. Ich begann das Vernehmungsprotokoll zu schreiben. Es war schwierig, ihn dazu zu bewegen, nur noch auf die Fragen zu antworten.

Die Angaben zu den Drohungen waren eigentlich nicht verwertbar, da er nichts Konkretes erzählte. Es war ihm viel wichtiger, dass er mein Informant sein möchte. Er habe sehr viele Infos aus der Unterwelt und er würde mir helfen, alle „*hochgehen*" zu lassen.

Auf detaillierte Fragen konnte er allerdings keine konkreten Angaben machen. Ich hatte jedenfalls den Eindruck, dass er nur angeben wollte und eigentlich keine brauchbaren Infos hatte. Trotzdem sagte ich ihm, dass er ja jederzeit im Gefängnis Bescheid geben könne, wenn er mit mir reden wollte. Dann würde ich zu ihm in die Justizanstalt nach Feldkirch kommen. Er hat sich später jedoch nie mehr gemeldet.

Aufgrund des Gesundheitszustandes des Mannes holten wir den Stadtarzt zur Begutachtung. Dieser hatte die Aufgabe festzustellen, ob der Mann haftfähig war. Der Arzt stellte bei seiner Untersuchung fest, dass der Mann an paranoider Schizophrenie leidet. Die Hafttauglichkeit des Mannes war für den Arzt aber trotzdem gegeben. Für den Arzt war es wichtig, dass der Mann regelmäßig seine Medikamente nahm.

Auch Martin wurde von einem Psychiater hinsichtlich seiner Krankheit begutachtet. Er kam zum gleichen Ergebnis. Martin ist psychisch schwer krank.

Urteil

Martin wurde vom Gericht in eine Anstalt für geistig abnorme Rechtsbrecher eingewiesen.

NORBERT SCHWENDINGER PERSÖNLICH

Muss ein Polizist ein EDV-Spezialist sein?

Nein, das ist nicht notwendig. Dazu gibt es ja polizeiinterne Spezialisten. Es ist allerdings sehr hilfreich, wenn ein Polizist zumindest ein besseres Grundwissen über neue Technologien besitzt.

Heute spielt sich sehr viel im Internet ab. Die IT-Spezialisten können die Hardware entsprechend sichern, die Auswertung müssen aber die Sachbearbeiter selbst machen, da meistens nur sie wissen, was zu suchen ist. Weiterführende Ermittlungen, wie z.B. im Darknet, in dem heute fast alles schon bestellt oder gekauft werden kann, werden immer den Spezialisten vorbehalten sein.

Schießerei vor Strip-Lokal: Anklage wegen Mordversuchs

Schussopfer von Querschläger in den Rücken getroffen – 41-Jähriger nun wegen versuchten Mordes angeklagt.

„Die Staatsanwaltschaft geht von einem bedingten Tötungsvorsatz aus. Anklage: Versuchter Mord.

...inandersetzung. Das spätere Schussopfer versetzte einem 26-Jährigen einen Bauchstich, ein anderer Mann wurde am Kopf verletzt.

Der mutmaßliche Täter, der sich vermutlich nach Italien absetzen wollte, wurde bei einer Verkehrskontrolle in Bellinzona (CH) aufgegrif...

Schüsse peitschten durch die Nacht

Vorgeschichte

Am Samstagabend, 6. November 2010, trafen sich Davut, Fatih und Hakan in einem türkischen Lokal in den Herrschaftswiesen in Koblach. Jeder fuhr mit seinem Auto zum vereinbarten Treffpunkt. In diesem Lokal sollten sie erstmals ihre späteren Streitgegner Murat und Erkan treffen.

Davut und seine Kollegen vereinbarten später am Abend, dass sie noch zwei weitere Kollegen in Dornbirn treffen würden. Sie verließen daraufhin das Lokal in Koblach und stiegen in Hakans Audi A6. Gemeinsam fuhren sie nach Dornbirn, um die anderen Kollegen in einem Imbissstand in der Lustenauerstraße zu treffen.

Dort stiegen Cetin und Ata zu, danach ging die Fahrt direkt zu einem Table Dance Lokal, das sich ebenfalls in der Lustenauerstraße in Dornbirn befand. Alle fünf Personen gingen ins Lokal. Es gab eine kurze Auseinandersetzung zwischen dem Lokalbetreiber und den neu hinzugekommenen Personen, worauf die Neuankömmlinge das Lokal wieder verließen.

Die weitere Fahrt führte sie zum Table Dance Lokal *„Fantasie"* in Lustenau. Cetin kannte den Türsteher, der ihnen gleich die Tür öffnete und sie ins Lokal ließ. Es war inzwischen 2.00 Uhr nachts.

Es wurde gelacht, Alkohol getrunken und die fünf Personen unterhielten sich mit den Tänzerinnen. Die Zeit verging schnell und die Sperrstunde näherte sich. Der Lokalbesitzer machte die Gruppe auf das Schließen des Lokals aufmerksam und ersuchte sie, die offene Rechnung zu bezahlen. Cetin staunte nicht schlecht, als er die Rechnung sah.

In der Zwischenzeit waren Murat und Erkan mit ihrem Pkw von Koblach Richtung Höchst unterwegs. Kurz vor 4.00 Uhr fuhren sie am Table Dance Lokal in Lustenau vorbei. Kurzentschlossen entschieden sie sich, noch einen Sprung in das Lokal zu gehen. Erkan wendete sein Fahrzeug und fuhr die paar Meter zum Lokal zurück. Der Parkplatz war schon fast leer.

Der Türsteher teilte ihnen mit, dass das Lokal in Kürze geschlossen werde. Er ließ sie dann aber doch noch hinein, die beiden Männer gingen zur Bar und bestellten sich jeweils einen Drink. An der Bar saß eine junge, leicht bekleidete Frau, neben ihr stand ein zweiter Drink. Trotzdem begann Murat eine Unterhaltung mit ihr und spendierte ihr ein Getränk.

Plötzlich stand Cetin an der Theke und forderte Murat auf, seinen Platz zu räumen, da er sich mit der jungen Schönheit unterhalten hatte. Ein Streit entbrannte Cetin zog Murat vom Barhocker und drohte, ihn zu verprügeln. Daraufhin versetzte Murat Cetin einen Faustschlag ins Gesicht, dem Cetin aber noch rechtzeitig ausweichen konnte. Die Faust streifte ihn nur leicht

Gerade in dem Moment, als Cetin zurückschlagen wollte, wurde er von einem unbekannten Mann von hinten umklammert. Dadurch war ein Schlag nicht mehr möglich.

Jetzt war es aber soweit! Eine Schlägerei im Lokal begann.

Wer gegen wen vorgegangen war, konnte später nicht mehr genau geklärt werden. Alle schlugen zu und mussten aber gleichzeitig auch Schläge einstecken. Freund oder Feind war dabei offensichtlich nicht mehr so wichtig.

Mitten in dieser Schlägerei zog Murat ein Klappmesser aus seiner

Hosentasche, öffnete es und stach auf den neben ihm stehenden Hakan ein. Murat erkannte ihn im Discolicht als einer der Kontrahenten und wollte ihn mit diesem Stich einschüchtern und aus der Disco jagen. Murat sagte später aus, dass er sich bedroht gefühlt habe und sich wehren wollte. Hakan erlitt dadurch einen tiefen Stich im Bauchbereich. Er blutete sehr stark.

Erkan, Murats Begleiter, musste inzwischen schon einiges einstecken. Fatih schlug mehrfach auf den Mann ein, er prügelte ihn regelrecht aus dem Lokal. Damit war aber nicht genug. Im Eingangsbereich prügelten Fatih und weitere Männer auf Erkan, der hilflos am Boden lag, ein.

Nachdem Murat einen der Gegner durch den Messerstich verletzt hatte, sah er, dass weitere Typen auf seinen Freund Erkan einschlugen. Er eilte in Richtung Ausgang, um seinem Freund zu helfen. Das Klappmesser hielt er dabei immer noch in seiner Hand.

Hakan, der durch den Messerstich schwer verletzt worden war, verließ unter starken Schmerzen das Lokal. Dort zückte er eine Pistole, um sich an seinem Widersacher zu rächen. Diese hatte er im Gesäßbereich in seinen Gürtel gesteckt. Sein Stolz ließ nicht zu, dass ihn jemand einfach *„absticht."*

Er drohte mit der Waffe und schrie seinen Kontrahenten zu, dass sie ja nicht näherkommen sollen. Er repetierte die Pistole und drohte, dass er sofort schießen würde.

Da Hakan körperlich erheblich geschwächt war, gab er die geladene Pistole seinem Freund Davut. Davut hielt die schwarze Pistole in seiner rechten Hand und richtete sie gleich darauf auf die beiden Gegner. Es dauerte nur ein paar Sekunden und er drückte ab, nicht nur einmal, nein drei- bis viermal knallte es laut. Die Schüsse schlugen nur wenige Zentimeter neben Murat und Erkan auf dem Asphalt auf. Die beiden Männer standen ca. vier Meter von Davut entfernt. Es war dunkel, das Licht vom Eingang schimmerte nur leicht auf den Vorplatz. Es war nicht klar, ob Davut die Männer erschrecken oder treffen wollte. Fakt war, dass die Schüsse direkt neben dem Eingang zum Lokal abgefeuert wurden.

Murat erschrak, hielt aber sein Klappmesser fest in der rechten Hand. Ohne etwas zu sagen, ballerte Davut erneut los. Wiederum fielen zwei bis drei Schüsse. Auch diese Schüsse verfehlten ihr Ziel nur sehr knapp.

Murat und Erkan war spätestens jetzt klar, der Typ mit der Pistole spaßte nicht. Murat war überzeugt, dass der Mann ihn töten wollte, da er zuvor dessen Kumpel mit dem Messer verletzt hatte.

Er schrie Erkan zu, dass er sofort abhauen solle. Murat rannte zuerst los, Erkan folgte ihm. Sie rannten nebeneinander Richtung Hauptstraße. Auf der Rheinstraße, direkt neben der Tankstelle, rannten die Flüchtenden dann rechts weg in Richtung Dornbirn. Davut, der später auf den Videoaufnahmen der Tankstelle gut erkennbar sein wird, verfolgte die beiden Personen. Immer wieder schoss er den flüchtenden Männern nach.

Die Schüsse peitschten durch die Nacht! Sie schlugen funkensprühend auf der Straße auf. Der Abstand zwischen den Funken und den beiden flüchtenden Männer war minimal.

Plötzlich, ein lauter, greller Schrei. Murat schrie so laut, dass sogar Erkan, der neben ihm rannte, erschrak. Und schon stürzte Murat zu Boden. Erkan reduzierte sein Tempo. Was war mit seinem Freund? Warum fiel er jetzt auf den Boden? Erkan wusste es nicht. Instinktiv blieb er stehen und rannte die zwei Meter zu Murat zurück. Murat krümmte sich am Boden, Erkan sah nur noch Blut aus dem Rücken seines Freundes spritzen.

Trotz der schweren Verletzung dachte Murat daran, das Messer, mit dem er Hakan den Bauchstich verpasst hatte, verschwinden zu lassen. Er gab Erkan das Klappmesser und sagte, so laut es ihm möglich war, dass er das Messer verschwinden lassen solle. Erkan überlegte nicht lange, er nahm das Messer und warf es in hohem Bogen in Richtung Tankstellenausfahrt.

Erkan schrie, dass Murat getroffen worden war, er brauche dringend Hilfe. Davut, der stehengeblieben war, interessierte das überhaupt nicht. Er war offensichtlich zufrieden. Er hatte einen Gegner ausgeschalten, der lag jetzt auf der Straße, direkt neben dem Gehsteig. Der Verletzte schrie, sein Freund Erkan ebenfalls. Aber das war Davut egal. Er drehte sich um und ging ganz gemütlich zum Table Dance Lokal zurück. Die Pistole hielt er noch immer in der Hand.

Aufgrund der Videoaufzeichnungen der Tankstelle konnte man später genau feststellen, was passiert war. Davut, der vollkommen weiß gekleidet war, schoss mit ausgestreckter Schusshand mindestens zwei Mal auf die beiden rennenden Personen. Es war deutlich erkennbar, dass er diesen Personen gezielt nachgeschossen hatte. Die Projektile schlugen direkt hinter Murat auf der Straße auf und prallten vom Asphalt ab. Durch eines der aufsteigenden Projektile wurde Murat in den Rücken getroffen. Das Projektil ging, in aufsteigender Richtung, durch den Körper des Opfers durch und blieb im Brustbereich in seiner Kleidung stecken.

Wieder zurück beim Table Dance Lokal, erzählte Davut seinen Kumpels, dass er die Widersacher vertrieben habe. Er habe einen dieser Typen getroffen. Beide seien jetzt vorne an der Straße.

Die Männer unterhielten sich noch kurz und entschieden dann abzuhauen. Cetin lenkte den Pkw. Er hatte einiges getrunken, aber das war ihm egal. Sie waren schon auf der Schnellstraße nach Dornbirn unterwegs, als einem der Mitfahrer der Gedanke kam, dass es wahrscheinlich besser wäre, wenn sie Hakan ins Krankenhaus Hohenems bringen würden. Wenn die Rettung den verletzten Murat abholen würde, würden sie ihn sicherlich ins Krankenhaus nach Dornbirn bringen. Dann könnte es möglicherweise Probleme geben. Sie instruierten Hakan, dass er im Krankenhaus Hohenems eine Geschichte erfinden solle, ein Raubüberfall am Bahnhof Hohenems, wie in letzter Zeit mehrfach in den Medien berichtet. Dann könne man keinen Zusammenhang mit der zweiten verletzten Person herstellen.

Also fuhr Cetin mit dem Audi in Dornbirn-Süd auf die Autobahn Richtung Oberland auf. In Hohenems fuhr er wieder ab. Um nicht von eventuellen Kameras beim Krankenhaus gefilmt zu werden, ließen sie Hakan beim Bahnhof in Hohenems aussteigen. Danach fuhren die verbleibenden vier Männer weiter nach Koblach, wo Davut und Fatih ihre Fahrzeuge geparkt hatten. Auf der Rückfahrt blieb Ata im Krankenhaus

Hohenems stehen, um Hakan abzuholen. Eine Ärztin im Krankenhaus sagte ihm jedoch, dass dies unmöglich sei, da Hakan durch den Stich in den Bauch schwer verletzt worden sei. Eine stationäre Aufnahme sei daher notwendig gewesen, wahrscheinlich sei zudem eine Überstellung in ein anderes Krankenhaus erforderlich.

Ata wollte kein Aufsehen und verließ das Krankenhaus wieder.

Davut und Fatih fuhren mit ihren PKWs von Koblach nach Götzis. Er parkte sein Fahrzeug bei einem Einkaufsmarkt, übernahm den von Fatih zuvor gelenkten Pkw und brachte diesen nach Hause. Dieses Fahrzeug mit Schweizer Kennzeichen verwendete er später für seine Flucht.

Die Waffe, die Davut zuvor verbotenerweise verwendet hatte, hatte er schon im Bereich des Table Dance Lokals verschwinden lassen. Er wusste, dass er sowieso keine Waffe verwenden durfte, da gegen ihn ein Waffenverbot erlassen worden war. Die Waffe sollte später auch nicht mehr gefunden werden.

Herkunft der Waffe

Laut glaubwürdigen Angaben von Hakan hatte er die Pistole, Marke „Star" ein Jahr zuvor gekauft. Zum Verkäufer wollte er keine Angaben machen. Er hatte damals ungefähr 1600,- Euro bezahlt. Zusätzlich zur Waffe hatte er angeblich zehn Patronen (Kaliber 9 mm) dazubekommen. Diese seien im Magazin gewesen. Es war klar, dass Hakan diese Waffe illegal erworben und besessen hatte.

Flucht des Haupttäters

Davut dürfte sich während des Tages im Raum Götzis versteckt haben. Dies gab er später zwar nicht zu, konnte aber durch das mitgeführte Handy belegt werden. Fatih überließ Davut seinen VW Golf, damit dieser mit dem Auto flüchten konnte.

Situation am Tatort in Lustenau

Über Notruf ging am 7. November 2010 um 4.00 Uhr die Mitteilung ein, dass es eine Schießerei in Lustenau gegeben hatte. Der Beamte der BLS Dornbirn reagierte sofort. Er löste eine Alarmfahndung für das gesamte Bundesland Vorarlberg aus.

Mehrere Beamte der Polizeiinspektion Lustenau waren gerade dabei – nach der Nachtstreife – die Dienststelle zu verlassen. Sie waren müde und zugleich auch froh, dass sie Dienstschluss hatten. Sie waren die ganze Nacht unterwegs gewesen. Genau in dem Moment, als sie durch die Hauptüre gehen wollten, wurde im Funk die Alarmfahndung durchgegeben. Der Chef der PI Lustenau hätte eigentlich auch Dienstschluss gehabt, aber er holte alle Beamten nochmals zurück. Die Beamten rannten zurück in die Dienststelle und holten ihre Ausrüstungsgegenstände (incl. Dienstwaffen). Dann ging es rasant her, sie rannten zu den Dienstfahrzeugen, die sie kurz davor in der Tiefgarage abgestellt hatten und fuhren die kurze Strecke zum Tatort.

Vor Ort sahen sie, dass ein Taxi mit eingeschalteten Warnblinkern auf dem Fahrradstreifen Richtung Dornbirn stand. Wenige Personen standen in der Nähe herum. Dann konnten sie im Scheinwerferlicht des Taxis sehen, dass eine Person auf dem Boden lag. Zwei Personen knieten bei dem Mann und leisteten Erste Hilfe. Einer davon fuchtelte wie wild herum, immer wieder schrie er etwas, das aber nicht verständlich war.

Die Beamten stellten ihre beiden Dienstfahrzeuge so ab, dass der Bereich um das Taxi abgesperrt war. Die Blaulichter leuchteten grell. Ein Beamter regelte den Verkehr, einer rannte sofort zu den drei Personen und der dritte Beamte erkundigte sich bei der BLS, ob der Notarzt und die Rettung bereits verständigt wurden.

Es dauerte ein paar Minuten, bis die Sirenen von Notarzt und Rettung zu hören waren. Der Notarzt kümmerte sich um den Verletzten. Er teilte einem Polizeibeamten mit, dass der Mann offensichtlich angeschossen worden sei. Der Mann hatte schon viel Blut verloren, er wurde ins Krankenhaus nach Feldkirch gebracht.

Der Taxifahrer saß auf der Gehsteigkante, er war mit den Nerven sichtlich am Ende. Neben ihm saß Erkan, der angab, dass der Verletzte sein Freund sei. Er selbst sei auch verletzt worden. Der Notarzt stellte fest, dass der Mann Prellungen erlitten hatte und forderte einen zweiten Rettungswagen an.

Ein Polizeibeamter konnte inzwischen kurz mit Erkan sprechen. Erkan erzählte ihm die Geschichte in kurzen Worten und gab an, dass ein Unbekannter mehrfach auf sie geschossen habe. Er kenne den Mann zwar vom Sehen, er wisse aber seinen Namen nicht. Der Mann sei von vier weiteren Männern begleitet worden. Diese kenne er nur zum Teil mit Namen. Er nannte dem Beamten zwei Namen, die der Polizist notierte, außerdem seien sie mit einem Audi A6 unterwegs gewesen.

Der Polizeibeamte gab im Funk die Fahndung nach den beiden Namen und einem Audi A6, allerdings ohne Kennzeichen, durch. Er sagte laut, dass die Personen möglicherweise noch bewaffnet waren und daher auf die Eigensicherung zu achten war. Gleichzeitig ersuchte er die BLS, die Personen zu priorieren. Ein paar Minuten später teilte der BLS – Beamte mit, dass eine dieser Personen polizeibekannt war, die zweite Person war lediglich im Melderegister verzeichnet. Der Beamte gab die Adressen der beiden Personen durch. Es wurde veranlasst, dass die beiden Adressen von weiteren Polizeistreifen sofort kontrolliert werden.

Ich wurde um ca. 4.20 Uhr telefonisch informiert. Während der Fahrt nach Lustenau versuchte ich, meine Mitarbeiter telefonisch zu erreichen. Am Tatort erkundigte ich mich über den aktuellen Stand: Die Täter waren spurlos verschwunden, Zeugen für die Tat gab es relativ wenige. Die Befragung der wenigen (männlichen) Gäste und der Damen, die noch im Table Dance Lokal waren, ergab wenig Hilfreiches, der Chef des Lokals erklärte, dass er pünktlich schließen wollte und die Gäste entsprechend informiert habe. Er habe daher nicht genau gesehen, wie die Schlägerei entstanden sei. Er habe nur mitbekommen, dass mehrere

Personen aufeinander eingeschlagen hätten. Danach hätten sie das Lokal verlassen. Der Türsteher wiederum meinte, dass er im Lokal gar nichts gesehen habe, er müsse ja an der Tür stehen und den Eingang kontrollieren. Er habe nur gesehen, dass sich eine kleinere Schlägerei ins Freie verlagert habe. Zu den Personen könne er aber nichts sagen. Plötzlich seien Schüsse gefallen, er habe aber nicht gesehen, wer geschossen habe.

Die Aussagen des Lokalbetreibers und des Türstehers waren undurchsichtig, mit ihnen sollte später ein längeres Gespräch notwendig sein.

Die Alarmfahndung hatte bis dato noch keine Ergebnisse gebracht, aber der Chef der Tankstelle, die direkt neben dem Lokal war, hatte sich gemeldet, da er vermutete, dass die Tat mit seinen Videokameras aufgezeichnet wurde.

Als wir die Aufzeichnungen anschauten, bestätigte sich sein Verdacht. Die Aufnahmen waren recht gut. Die Kameras waren so eingestellt, dass das Tankstellenareal damit überwacht werden konnte. Trotzdem konnte man den Zufahrtsweg zum Lokal und einen Teil der Landesstraße ganz gut sehen. Es war deutlich zu sehen, dass ein weiß gekleideter Mann hinter zwei Männern herrannte und mit seiner rechten Hand, die ausgestreckt war, auf die Männer schoss. Das Mündungsfeuer war auf dem Video erkennbar. Zweimal blitzte es auf dem Asphalt – direkt hinter den Männern – auf. Dann fiel einer der Männer zu Boden. Der Schütze ging danach, als ob nichts gewesen wäre, langsam Richtung Lokal zurück.

Jetzt war es wichtig, dass die Videoaufnahmen gesichert werden konnten, zumal der Tankstellenpächter uns erklärte, dass er das nicht selbst machen konnte. Für diese Fälle hatten wir unsere Spezialisten der *„OSE"*. Die Verständigung des Leiters dieser Gruppe übernahm der Journaldienst des LKA.

Die Alarmfahndung, die nun ja schon gut zwei Stunden am Laufen war, brachte noch immer kein Ergebnis. Daher wurde entschieden, diese um 7.00 Uhr zu beenden.

Inzwischen war ein Anruf einer Ärztin aus dem Krankenhaus

Hohenems eingegangen, die einen Patienten mit einer tiefen Schnittverletzung meldete, und wissen wollte, ob etwas über einen Raubüberfall am Bahnhof Hohenems bekannt sei. Da der Patient soweit stabil war, war eine kurze Befragung durch eine Polizeistreife der PI Hohenems möglich.

Die beiden Beamten, die den Lokalbetreiber und den Türsteher befragt hatten, konnten mitteilen, dass beiden Personen doch noch eingefallen war, dass sie ein paar der Männer namentlich kannten. Zudem gab der Wirt zu, dass es Videoaufnahmen im Lokal und im Eingangsbereich gab. Er wehrte sich anfänglich noch etwas gegen die Herausgabe der Videos, schlussendlich sah er aber ein, dass eine Kooperation mit der Polizei doch besser war. Auch hier war der Beamte der „*OSE*" wieder gefragt, er sicherte die Aufnahmen. Eine Befragung des angeschossenen Mannes, dessen Namen wir zwischenzeitlich bestätigt bekommen hatten, war wahrscheinlich erst in den nächsten Tagen möglich. Die Operation im Landeskrankenhaus Feldkirch war immer noch im Gange.

Die Beamten der Spurensicherung arbeiteten mit Hochdruck, da es in diesem Fall eigentlich drei verschiedene Tatorte (Lokal, Eingangsbereich und L 203) gab. Sie ließen die Bereiche, die als Tatorte definiert worden waren, von uniformierten Kräften absperren, die Feuerwehr leuchtete die Bereiche aus. Es war relativ schnell klar, dass es mindestens zwei Querschläger gegeben hatte, d.h. die Projektile schlugen auf dem Asphalt auf und hinterließen dort deutliche Einkerbungen. Danach stiegen sie im gleichen Winkel wieder in die Höhe. Durch eines dieser Projektile wurde das Opfer am Rücken getroffen.

Der Taxifahrer, der zuvor noch Erste Hilfe geleistet hatte, sagte einem Beamten, dass er gesehen hatte, dass der zweite Mann, der neben dem Angeschossenen am Boden kniete, irgendeinen Gegenstand Richtung Tankstelle weggeworfen hatte. Der Taxifahrer zeigte einem Spurensicherer, in welche Richtung der Mann den Gegenstand geworfen hatte. Daraufhin suchten zwei Beamte diesen Bereich ab und wurden nach ein paar Minuten fündig. Sie konnten ein blutverschmiertes, geöffnetes Klappmesser in der Wiese neben der Tankstelleneinfahrt sicherstellen.

Weitere Vorgehensweise

Die Bewohner im Bereich des Tatortes mussten noch befragt werden. Es war zwar die Hoffnung nicht groß, dass wir dabei etwas Brauchbares erfahren, aber es gehörte einfach dazu.

Inzwischen hatten wir fast alle Namen der Beteiligten herausgefunden, die Vernehmungen der Zeugen, die auf die Personen im Lokal beschränkt werden konnten, ergaben relativ wenig. Der Name des Schützen war uns inzwischen bekannt, daher regte ich beim Staatsanwalt die Festnahme des Haupttäters und die Durchsuchung seiner Wohnung in Rankweil an.

Da wir die Info hatten, dass sich der Täter möglicherweise ins Ausland abgesetzt hatte, schlug ich zusätzlich noch eine Öffentlichkeitsfahndung vor. Bei einer solchen Fahndung werden der Name und das Lichtbild des Täters in den Medien genannt und dieser sozusagen öffentlich gesucht.

Davut, der Haupttäter, konnte in seiner Wohnung nicht angetroffen werden. Da die Eingangstür nicht geöffnet wurde, wurde dies von den Beamten der Cobra gewaltsam gemacht. In der Wohnung trafen die Beamten auf die Frau des Gesuchten. Sie behauptete, dass sie keine Ahnung habe, wo sich ihr Mann aufhalte. Er sei in der Nacht nicht nach Hause gekommen. Die Angaben waren zwar absolut unglaubwürdig, aber wir konnten momentan nichts machen, außer die Wohnung von Kriminal- und Spurensicherungsbeamten genau durchsuchen zu lassen, leider ergebnislos.

Inzwischen fiel einer Polizeistreife Davuts Pkw auf. Der Pkw war bei einem Supermarkt in Götzis abgestellt. Er war versperrt. Da nicht ausgeschlossen werden konnte, dass Davut sich in der Nähe versteckte und zum Fahrzeug zurückkommen könnte, wurde der Pkw an dem Standort belassen und observiert.

Erkan, der im Krankenhaus Dornbirn ambulant behandelt wurde, konnte bereits am Nachmittag des 7. November 2010 als Opfer vernommen werden. Da er in der Nacht fast keinen Alkohol konsumiert hatte und seine Verletzungen nicht so gravierend waren, war eine Befragung gut möglich. Er schilderte ziemlich detailliert, wie sich die Sache abgespielt hatte. Seine Aussage war glaubwürdig, da sie größtenteils mit den Videoaufnahmen übereinstimmte. Nachdem sein Freund Murat angeschossen worden war, habe er den Taxifahrer angehalten. Dieser habe mit seinem Handy die Rettung gerufen.

Zwei Kollegen des Haupttäters konnten noch am Sonntag ausgeforscht und vernommen werden. Sie schilderten, allerdings in sehr abgeschwächter Form, den Ablauf des Streits. Da ihnen keine konkrete Beteiligung an einer schwereren Straftat nachgewiesen werden konnte, wurden sie nicht festgenommen.

Ein weiterer Beschuldigter, Fatih, den wir namentlich bereits kannten, weigerte sich energisch, zur Vernehmung zu kommen. Wir konnten ihn zwar telefonisch erreichen, trotzdem leistete er der Vorladung keine Folge. Eine Überprüfung seiner Wohnadresse verlief negativ.

Fatih erschien erst ein paar Tage später mit seinem Rechtsanwalt beim Landeskriminalamt, nachdem er eine Stunde vor seinem Eintreffen telefonisch mitgeteilt hatte, dass er sich nun stellen werde. Er hatte sich seine Angaben gut überlegt, er hatte ja genügend Zeit dafür. Zudem hatte er sich, was natürlich sein Recht war, mit dem Rechtsanwalt abgesprochen. Trotzdem war seine Schilderung der Tat relativ gut nachvollziehbar. Er gab an, dass die beiden anderen Personen Schuld an der Auseinandersetzung gehabt hätten. Obwohl Davut bereits gegen den Boden geschossen hatte, habe sich der Mann mit dem Messer wieder umgedreht und ihnen gedroht. Erst dann sei der Mann weggerannt und von Davut verfolgt worden.

Videoauswertung

Die Kollegen der „OSE" hatten die Sicherung der Videos der Tankstelle und des Lokals inzwischen abgeschlossen. Wir besprachen mit den Kollegen der PI Lustenau noch die weiteren Maßnahmen, danach begaben wir uns wieder zu unserer Dienststelle nach Bregenz. Ein Beamter übernahm die Auswertung und die Dokumentation der Videos. Dazu war aber die entsprechende Technik notwendig, die – aus Kostengründen – nur im LKA vorhanden war.

Die Auswertung von sichergestellten Videos ist – anders als im Fernsehen – enorm zeitintensiv.

Fahndung nach Davut

Davuts Aufenthaltsort konnte am Sonntag nicht ermittelt werden. Es war ganz offensichtlich, dass ihm seine Freunde zur Flucht verholfen hatten. Doch wie konnte er flüchten, sein Pkw stand noch immer in Götzis und wurde von Zivilbeamten überwacht. Sein Handy wurde am Sonntag in Lustenau geortet. Also schauten wir uns den Club nochmals genau an. Und tatsächlich, das Handy konnte hinter einer Bank im Lokal gefunden werden. Die Pistole blieb verschwunden.

Hakan gab bei seiner Befragung zu, dass er Davut sein Handy auf der Fahrt nach Hohenems gegeben hatte. Die Ortung dieses Handys brachte keine relevanten Hinweise auf den Aufenthaltsort des Beschuldigten. Erst später konnte man bei der Auswertung des Handys feststellen, dass Davut noch bis spät in die Nacht (Sonntag) im Raum Vorarlberg war. Er hatte zahlreiche Telefonate geführt, die Personen konnten zum Teil ermittelt werden. Da es sich aber um seine Freunde handelte, war nicht zu erwarten, dass einer von ihnen der Polizei einen Tipp gegeben hätte.

Nach gut 20 Stunden Dienst konnten wir die Dienststelle dann kurz nach Mitternacht verlassen. Etwas Schlaf konnte jetzt jeder gebrauchen. Meine Nacht war dann allerdings wieder sehr kurz.

In dieser Nacht, gegen 4.00 Uhr, erhielt ich vom Journaldienst des LKA einen Anruf, dass man Davut in der Schweiz angehalten habe. Die näheren Infos habe das PKZ Schaanwald. Davut wurde im Zuge einer Verkehrskontrolle mit einem Schweizer Auto kontrolliert. Da er zwar einen österreichischen Reisepass, aber keinen Führerschein bei sich hatte, machten die Schweizer Kollegen eine Anfrage beim PKZ. Der Kollege bekam bei der Anfrage im österreichischen Fahndungssystem eine positive Auskunft. Die angehaltene Person war vom LKA Vorarlberg wegen Mordes zur Verhaftung ausgeschrieben.

Ich rief den Schweizer Kollegen an und schilderte ihm den Sachverhalt und die Gründe, warum Davut wegen Mordes (richtig wäre Mordversuch gewesen, aber diese Bezeichnung gibt es in der Fahndung nicht) zur Verhaftung ausgeschrieben war. Sobald ein EU-Haftbefehl gegen Davut vorliege, würden sie die Abschiebung nach Österreich veranlassen. Der Tessiner Kollege sicherte mir zu, dass er mir einen Bericht über die Festnahme in Kürze schicken werde.

Opfervernehmung im Krankenhaus

Eine Kripostreife konnte am 8. November 2010 ins Krankenhaus nach Feldkirch fahren. Der zuständige Arzt teilte uns mit, dass man mit Murat sprechen könne bzw. Murat gesagt habe, dass er mit der Polizei sprechen wolle. Das Gespräch wurde im Krankenzimmer durchgeführt. Man merkte Murat an, dass die Medikamente noch wirkten. Er sprach relativ langsam. Er machte einen müden Eindruck. Eine förmliche Vernehmung war aufgrund des gesundheitlichen Zustandes unmöglich. Also begnügten sich die Beamten mit einer Befragung und hielten Murats Angaben in Form eines Aktenvermerkes fest. Selbstverständlich informierten sie ihn zuvor über seine Rechte. Er war Opfer und Beschuldigter zugleich.

Murat Aussagen klangen im Großen und Ganzen glaubwürdig. Er

gab zu, dass er mit einem Messer auf einen Kontrahenten eingestochen habe, er berief sich dabei auf eine Notwehrsituation. Er habe gesehen, dass sein Begleiter Erkan von mehreren Personen angegriffen und geschlagen worden sei. Murat sagte, dass er die Leute nicht mehr erkennen würde, da er alkoholisiert gewesen sei. Die Namen der Personen kenne er sowieso nicht.

Bestellung eines Gutachters

Seitens der Staatsanwaltschaft wurde Dr. Walter Rabl von der Gerichtsmedizin Innsbruck zur Begutachtung der Verletzungen bestellt.

Murats Untersuchung ergab, dass er durch einen Schuss in den Rücken (Querschläger) lebensgefährlich verletzt worden war. Zahlreiche Organe wurden durch den Durchschuss verletzt.

Hakan wurde durch den Messerstich zwar schwer, aber immerhin nicht lebensgefährlich, verletzt.

Erkan wurde durch zahlreiche Schläge leicht verletzt.

Weiterer Zeuge oder möglicherweise sogar ein Täter

Außer dem Haupttäter fehlte dann nur noch der Fünfte im Bunde. Cetin meldete sich am 9. November 2010 bei mir. Er erklärte, dass er Angaben zum Vorfall machen wollte. Interessant war, dass die anderen Personen Cetin namentlich nie angegeben hatten.

Cetin kam freiwillig zur Dienststelle und schilderte den Ablauf des Abends. Er konnte gut beschreiben, wie sich der Streit eigentlich entwickelt hatte, wobei seine Schilderung sehr einseitig war. Sein Drink stand an der Theke, dort unterhielt er sich mit einer Dame. Er ging dann aufs WC. Als er zurückkam, stand ein anderer Mann an seinem Platz und sprach mit der Frau. Bevor er etwas sagen konnte, rempelte der

Mann ihn an. Nicht nur das, er versuchte sogar, ihm einen Faustschlag zu verpassen, dieser verfehlte ihn nur ganz knapp. Er versuchte zurückzuschlagen, wurde aber von hinten gehalten. Plötzlich entstand daraus ein Riesentumult. Dieser Tumult verlagerte sich dann rasch ins Freie. Er blieb im Lokal, nach ein paar Minuten kamen seine Freunde ins Lokal gerannt und schrien, dass sie gehen müssten. Sie fuhren dann zu fünft, wie sie gekommen waren, mit dem Audi weg. Beim Wegfahren sah er noch, wie der Typ von der Bar auf der Straße neben einem Taxi lag. Er erfuhr erst im Auto, dass zuvor geschossen wurde. Die Verletzung von Hakan bekam er nicht mit, diese sah er erst im Auto.

Interessant an Cetins Aussage war, dass er angab, mit Davut am Sonntag mehrfach telefoniert zu haben. Davut habe ihm gesagt, dass er abhauen müsse, da er schon mal eine Schießerei gehabt habe. Davut habe ihn noch um Geld gebeten, er habe ihm aber keines gegeben. Er habe Davut, nachdem sie sich in der Nacht getrennt hatten, nicht mehr gesehen.

Auslieferung

Davut stimmte – etwas überraschend – der *„verkürzten"* Auslieferung zu. Dadurch stand einer raschen Überstellung nichts mehr im Wege und er konnte relativ rasch von der Schweiz nach Österreich abgeschoben werden. Am 16. November 2010 konnten ihn österreichische Polizeibeamte beim Grenzübergang Feldkirch/Tisis-Schaanwald übernehmen. Die Beamten der EKO Cobra nahmen ihn aufgrund des bestehenden Haftbefehls fest und überstellten ihn zum Landeskriminalamt nach Bregenz.

Interessant waren die Unterlagen, die von der Schweizer Polizei sichergestellt und bei Davuts Überstellung den österreichischen Beamten übergeben wurden. Davut hatte mehrere Zettel bei sich, aus denen klar ersichtlich war, dass er seine Flucht gut vorbereitet hatte. Zusätzlich konnte man davon ableiten, dass Fatih ihm bei der Flucht geholfen hatte. Ein Zettel war von besonderem Interesse, da darauf die Städte aufgelistet waren, die auf Davuts Fluchtrichtung lagen. Nach der Sichtung dieser Unterlagen lag der Verdacht nahe, dass Davut mit dem Pkw in die Türkei flüchten wollte.

Die erste Vernehmung des Beschuldigten dauerte nicht lange. Auf Empfehlung seines Rechtsanwalts machte er nur Angaben zu seiner Person. Zum Sachverhalt wollte er sich erst später äußern.

Davut wurde daher noch am gleichen Nachmittag in die Justizanstalt Feldkirch eingeliefert. Auf der Fahrt nach Feldkirch äußerte sich Davut plötzlich doch zur Sache. Er gab an, dass die Pistole seinem Kollegen Hakan gehört habe. Dieser habe sie um etwa 1500,- Euro gekauft. Es war eine 9 mm Pistole der Marke Star mit einem Magazin für 14 Patronen. Die weiteren Angaben, die Davut bereitwillig machte, deckten sich größtenteils mit den Angaben der anderen Personen. Hakan habe die Waffe vor der Übergabe an ihn repetiert. Er habe die Waffe nur noch übernehmen und abdrücken müssen. Die Angaben passten also recht gut zusammen, wobei nicht auszuschließen war, dass die fünf Personen, die gemeinsam vom Tatort geflüchtet waren, dies während der Flucht vom Tatort entsprechend abgesprochen hatten.

Urteile

Das Landesgericht Feldkirch verurteilte Davut wegen versuchten Mordes zu elf Jahren Haft. Bei Murat, der mit dem Messer zugestochen hatte, gingen die Richter von einer Notwehrsituation aus. Daher sprachen sie ihn frei.

Bei den restlichen Beteiligten konnte das Schwurgericht kein schuldhaftes Verhalten feststellen. Daher wurden sie ebenfalls freigesprochen.

Messerstecher wegen Mordversuchs angezeigt

zeigt. Dem jungen Mann aus Pakistan wird vorgeworfen, fünfmal mit einem Küchenmesser auf seinen Mitbewohner eingestochen zu haben.

>> Er stach seinem Landsmann mit dem Messer viermal in den Rücken und einmal in den Oberkörper.

Der Tatverdächtige werde wegen versuchten Mordes bei der Staatsanwaltschaft angezeigt.

Messerattacke am Nachmittag

Vorgeschichte

Eigentlich war der 19. November 2013 ein Tag wie jeder andere. Das Wetter stellte sich schon langsam auf den bevorstehenden Winter ein.

In einer Asylantenunterkunft in Lauterach, einem Doppelhaus, in dem insgesamt zehn Asylanten wohnten, fand eine Aussprache zwischen zwei pakistanischen Asylanten und ihrem Betreuer statt. Der Grund für die Aussprache war eigentlich ein einfacher: Einer der Männer hatte vom Betreuer die Aufgabe erhalten, die wöchentlich wechselnden Putzarbeiten, die jeweils einer der Bewohner machen musste, zu kontrollieren.

Aus einer Lappalie wurde ein schwerwiegendes Verbrechen.

Der 21-jährige Zahid kontrollierte die Putzarbeiten sehr genau. Es war ja im Sinne aller Hausbewohner, saubere Gemeinschaftsräume zu haben. In dieser Woche hatte Zahid allerdings Probleme mit dem 18-jährigen Maqsud, denn die Ansichten über die Sauberkeit gingen offenbar weit auseinander.

Maqsud wurde daher mehr als einmal von Zahid aufgefordert, die Reinigungsarbeiten genauer zu machen. Er drohte ihm an, dass er ihn beim Betreuer melden würde, dann müsste der 18-jährige – so die Vorgabe der Caritas – 20 Euro Strafe bezahlen.

Immer wieder kam es zwischen den beiden jungen Männern zu

Auseinandersetzungen, die mit Drohungen verbunden waren. Die anderen Mitbewohner hielten sich zurück, sie wollten damit nichts zu tun haben. Sie waren zwar daran interessiert, dass es in der Küche einigermaßen sauber ist, aber so genau nahmen sie es schließlich doch nicht.

Für Dienstag, 19. November 2013, kündigte der Betreuer seinen Hausbesuch an. Er werde kontrollieren, ob geputzt worden sei und zudem sollte es eine Aussprache mit den beiden Streithähnen geben.

Die Aussprache, die für 14.00 Uhr angesetzt war, verlief allerdings nicht so, wie sich der Betreuer das Gespräch vorgestellt hatte. Die beiden Kontrahenten schrien sich lautstark an. Der Betreuer verstand kaum etwas, da die beiden Männer in ihrer Landessprache sprachen bzw. schrien. Nach mehreren gescheiterten Versuchen, die Männer zur Vernunft zu bringen, brach der Betreuer diese Unterhaltung ab. Er sagte den Männern, dass er das Gespräch zu einem späteren Zeitpunkt fortsetzen wolle, dann werde er auch einen Dolmetscher mitbringen. So habe die ganze Sache keinen Sinn.

Der Betreuer verließ das Haus und ging durch die separate Eingangstüre in die zweite Haushälfte des Doppelhauses, um auch dort nach dem Rechten zu sehen. Plötzlich standen die beiden Kontrahenten wieder vor ihm, die beiden wollten offensichtlich das Gespräch von vorhin fortsetzen. Von einem Gespräch konnte allerdings nicht die Rede sein, da sich die beiden Männer wieder nur anschrien. Der Betreuer versuchte, die beiden zu beruhigen und schickte sie auf ihre Zimmer. Daraufhin verließen beide Personen das Haus.

Plötzlich hörte der Betreuer eine laute Schreierei aus dem anderen Haus.

Was war passiert?

Nachdem die beiden Männer gemeinsam in ihre Unterkunft gegangen waren, ging Maqsud zuerst in sein Zimmer. Eigentlich wollte er sich hinlegen, aber seine Wut auf seinen Mitbewohner war einfach zu groß.

Immer wieder gab es Probleme mit Zahid. Warum aber? War Zahid eifersüchtig, weil er Zeitungen austragen durfte und ein paar Euro dazuverdiente? Oder war es, weil er Deutsch lernen wollte? Er wusste es nicht, aber er konnte jedenfalls nicht zulassen, dass Zahid ihn beim Betreuer anschwärzte.

Maqsud verließ sein Zimmer und ging zurück in die Küche. Zahid saß am Tisch und teilte ihm sofort mit, dass die Angelegenheit noch nicht erledigt sei. Maqsud geriet in Rage, nahm das größte Küchenmesser aus dem Messerblock und stach – ohne ein Wort zu sagen – auf den mit dem Rücken zu ihm sitzenden Zahid ein. Gleich mehrfach stach Maqsud auf den Mann ein.

Das Opfer schrie vor Schmerzen, schaffte es aber, aufzustehen und aus dem Haus zu rennen.

Maqsud war außer sich vor Wut und verfolgte den Flüchtenden. Vor dem Haus verließ Zahid seine Kraft in den Beinen, er stürzte und schlug hart auf dem Boden auf. Maqsud stand schon hinter ihm. Wutentbrannt stach er erneut mehrfach auf den wehrlosen, auf dem Boden liegenden Mann ein. Immer wieder schrie er den Schwerverletzten an, dass er ihn nun umbringen werde.

Ein anderer Hausbewohner, der 27-jährige Abid, kam Zahid zu Hilfe. Zum Glück, wahrscheinlich hätte das Opfer sonst nicht überlebt. Abid ergriff die Hand des Täters und versuchte ihn von weiteren Messerstichen abzuhalten. Aber plötzlich und unterwartet schlug Maqsud mit der Faust der anderen Hand Abid ins Gesicht. Abid war so überrascht, dass er die Hand des Täters loslassen musste. Er sah, dass es Zahid, trotz der Schmerzen, gelungen war, in die andere Haushälfte zu flüchten. Maqsud schäumte vor Hass. Er drohte Abid, dass er ihn auch umbringen werde. Abid bekam Angst und flüchtete Richtung Straße.

In der Zwischenzeit hatte der Betreuer den Polizeinotruf gewählt. Er hatte gesehen, dass Zahid blutüberströmt durch die Eingangstüre des Hauses kam. Eine Polizeistreife war gerade in der Nähe und erreichte kurz nach dem Notruf den Tatort. Als die Polizisten aus dem Auto ausstiegen, sahen sie einen jungen Mann mit einem langen Messer in der rechten Hand. Er lief genau auf sie zu.

Die Polizisten schrien den Mann an, dass er das Messer fallen lassen solle. Die Dienstwaffen, die Glock 17, zogen sie aus den Holstern und richteten die Pistolen auf den Mann, der auf sie zu rannte. Einer der Beamten schrie den Mann nochmals an, dass er stehenbleiben und das Messer fallen lassen soll.

Aber erst bei der dritten Aufforderung reagierte der Mann, blieb stehen und ließ das Messer fallen. Einer der Beamten steckte die Pistole ins Holster und zog die Handschellen aus dem Gürteletui. Dann ging er auf den Mann zu. Der zweite Beamte sicherte die Amtshandlung weiterhin mit der gezogenen Waffe.

Der junge Mann blieb ruhig. Er legte seine Arme auf den Rücken und ließ sich widerstandslos die Handschellen anlegen. Er wurde festgenommen.

Das schwerverletzte Opfer

Der sofort eintreffende Notarzt kümmerte sich um den Schwerverletzten. Zahid wurde ins Landeskrankenhaus Bregenz gebracht und notoperiert.

Am Tatort hatte die Polizeistreife inzwischen Verstärkung bekommen. Der Täter wurde in die Polizeiinspektion Lauterach gebracht. Dort nahmen die Beamten dem Mann die Handschellen ab. Der Aufforderung zum Alkotest kam Maqsud freiwillig nach. Der Test ergab keine Beeinträchtigung durch Alkohol. Die Beamten forderten einen Gemeindearzt zur Untersuchung des Täters an. Dieser untersuchte Maqsud und stellte fest, dass der Mann keine Verletzung hatte. Der Mann war haftfähig. Über Aufforderung eines Polizeibeamten stimmte Maqsud einer Blutabnahme freiwillig zu.

Die Untersuchung einer Blutprobe gibt Aufschluss über eine mögliche Beeinträchtigung durch Alkohol, Medikamente oder Suchtmittel. Eine chemisch-toxikologische Untersuchung einer Blutprobe hat mehr Aussagekraft als ein Alkomatentest, der nur die Alkoholbeeinträchtigung feststellen kann.

Ich wurde vom Journaldienst über den Vorfall informiert und fuhr anschließend zum Tatort.

Die Beamten der Spurensicherung hatten ihre Tätigkeit bereits aufgenommen.

In der Küche schaute es, abgesehen von vielen Blutspritzern und Blutlachen, eigentlich ganz normal aus. Ein Stuhl war umgefallen. Aber sonst war alles unauffällig. Die Blutspuren am Boden waren deutlich erkennbar. Daraus ergab sich ganz eindeutig die Richtung, in die Zahid geflüchtet war, um den Angriffen des Täters zu entkommen.

Die Dokumentation und die Sicherung dieser Spuren sowie das Anfertigen der Fotos gehört zu den Tätigkeiten der Spurensicherung.

Den Betreuer vernahmen wir noch am frühen Abend. Auch die Zeugen mussten noch am gleichen Tag vernommen werden. Das war etwas schwieriger, da wir für die Vernehmung Dolmetscher benötigten.

Auch die Vernehmung des Beschuldigten konnte natürlich nicht warten. Ich rief bei meinen Journaldienst-Kollegen an und ersuchte sie, einen Dolmetscher zu verständigen.

Danach fuhr ich zur Dienststelle nach Lauterach. Dort sah ich erstmals Maqsud, der im Journaldienstraum der Polizeiinspektion saß. Er saß ziemlich zusammengekrümmt auf dem Stuhl. Sein Blick war auf den Boden gerichtet. Er war ganz ruhig. Als ich eintrat, blickte Maqsud kurz auf und nickte. Ich war überrascht, er sprach eigentlich schon relativ gut Deutsch. Er sagte immer wieder, dass er das nicht gewollt habe.

Nachdem ich ihm erklärt hatte, dass die Vernehmung im Landeskriminalamt in Bregenz stattfinden werde und er von einer uniformierten

Streife dorthin überstellt werde, stand er auf und hielt seine Arme nach vorne, damit man ihm Handschellen anlegen konnte.

Im Landeskriminalamt wurde Maqsud von zwei Journaldienstbeamten übernommen und in einen Vernehmungsraum gebracht. Die beiden Beamten blieben bei ihm. Sie wurden nach einigen Minuten von meinem Kollegen und mir abgelöst. Wir sprachen – so gut es ging – mit dem Täter und erklärten ihm, dass wir auf einen Dolmetscher warten mussten.

Als dieser eintraf, begannen wir mit der Befragung.

Maqsud war ein einfacher Mann, nicht sehr gebildet und sehr schüchtern.

Er schilderte, dass er in einem kleinen Dorf in Pakistan aufgewachsen sei. Er sei nur drei Jahre in die Schule gegangen. Dann habe er Gelegenheitsarbeiten gemacht. Nachdem seine beiden Halbbrüder versucht hatten, ihn zu vergiften, sei er geflüchtet.

Er sagte, dass es in dem Haus in Lauterach immer wieder Probleme gegeben habe. Er gab an, dass er wütend gewesen sei, da ihn sein Mitbewohner „*verpfiffen*" habe. Und das sei vollkommen zu Unrecht erfolgt. In der Küche hatte es dann erneut Streit gegeben, darum sei er ausgerastet. Zudem habe Zahid ihn immer wieder beleidigt. Er habe das Küchenmesser genommen und zugestochen. Er wisse nicht mehr, wie oft er zugestochen habe. Er habe aber nur in der Küche zugestochen. Die Vorfälle vor dem Haus bestritt der Beschuldigte.

Nach der Vernehmung, die ziemlich lange gedauert hatte, brachten wir Maqsud in eine Arrestzelle in unserem Gebäude.

 Inzwischen waren auch die Vernehmungen der Zeugen im Gange. Da dazu auch Dolmetscher benötigt wurden, dauerten diese Einvernahmen sehr lange. Für den Sachverhalt waren diese Aussagen dann allerdings nicht relevant.

Der Fall schien relativ klar zu sein: Der Täter war größtenteils geständig, auch wenn er versuchte, gewisse Punkte abzuschwächen. Den Staatsanwalt hatte ich bereits am späten Nachmittag angerufen und ihm den Sachverhalt geschildert.

Während zwei meiner Mitarbeiter die weitere Vernehmung des Täters übernahmen, erledigte ich organisatorische Dinge. Wie in solchen Fällen üblich, regte ich die Bestellung der Gerichtsmedizin und Dr. Reinhard Haller als psychiatrischen Gutachter an. Weiters informierte ich die Staatsanwaltschaft, dass die Einlieferung des Beschuldigten für den späten Nachmittag des 20. Novembers 2013 geplant war.

Maqsud wurde am späteren Nachmittag von meinen Kollegen in die Justizanstalt Feldkirch eingeliefert.

Ein Telefonat mit dem zuständigen Arzt im LKH Bregenz ergab, dass Zahid lebensgefährlich verletzt war. Eine Vernehmung war erst in ein paar Tagen möglich.

Dr. Walter Rabl stellte später fest, dass der Mann sieben, zum Teil sehr tiefe, Stichverletzungen erlitten hatte. Diese Verletzungen wurden ihm mit dem sichergestellten Tatmesser, das eine Gesamtlänge von 36 cm (Klingenlänge von 22 cm) hatte, zugefügt. Die Verletzungen waren als lebensgefährlich einzustufen.

Bei der toxikologischen Untersuchung, die ebenfalls von der Gerichtsmedizin Innsbruck durchgeführt worden war, konnten im Blut des Täters weder Alkohol noch sonstige medikamentöse oder toxische Substanzen und auch keine Suchtmittel nachgewiesen werden.

Dr. Reinhard Haller, der psychiatrische Sachverständige, untersuchte Maqsud in der Justizanstalt Feldkirch. Er kam zu der Feststellung, dass Maqsud zum Zeitpunkt des Vorfalls eingeschränkt zurechnungsfähig war.

Die Vernehmung des Opfers wurde für den 3. Dezember geplant. Allerdings erschien Zahid nicht. Telefonisch konnte er nicht erreicht werden und auch der Betreuer kannte den Aufenthaltsort nicht.

Einen letzten Versuch, insbesondere auch, damit die Dolmetscherin nicht umsonst nach Bregenz gekommen war, wollten wir noch unternehmen. Gemeinsam mit der Dolmetscherin fuhren wir zur Asylunterkunft nach Lauterach. Wir staunten nicht schlecht, als Zahid gemütlich auf dem Bett in seinem Zimmer lag. Ich ersuchte die Dolmetscherin, ihn zu fragen, warum er den Termin nicht eingehalten hatte. Ich hatte ja schon viel gehört, aber die Antwort überraschte dann sogar mich. Er sagte – wie selbstverständlich – er habe keine Lust gehabt, mit einem Taxi nach Bregenz zu fahren, da ihm das niemand bezahlt hätte. Der Bus sei ihm zu unbequem gewesen, da er ja verletzt war. Er habe damit gerechnet, dass die Polizei ihn holen werde. Das sei ja schließlich die Aufgabe der Polizei.

Zahid stieg jedenfalls bereitwillig in unser Dienstfahrzeug ein.

In Bregenz wurde das Opfer dann vernommen. Er schilderte, dass er gut ein Jahr zuvor illegal nach Österreich gekommen war. Er habe sofort um Asyl angesucht und sei dann ein paar Monate später nach Lauterach gekommen. Da er von seinem Betreuer die Aufgabe bekommen habe, die Putzarbeiten im Haus zu beaufsichtigen, habe er das natürlich gemacht. Es habe eigentlich gut geklappt, lediglich mit Maqsud habe es Probleme gegeben. Und so habe sich dann die Meinungsverschiedenheit, die später in einen Streit überging, ergeben.

Den Tathergang schilderte er in einer ähnlichen Form wie der Täter, allerdings führte er die Details viel genauer aus. Er schilderte, dass Maqsud – ohne Vorwarnung und vollkommen überraschend – von hinten auf ihn eingestochen habe. Er sei auf einem Stuhl am Esstisch gesessen. Er habe sofort starke Schmerzen im Rückenbereich gespürt. Sein Fluchtversuch aus dem Haus sei gescheitert, da er vor dem Haus gestürzt sei. Maqsud habe – als er auf dem Boden gelegen sei – nochmals mehrfach auf ihn eingestochen. Er habe keine Möglichkeit gehabt, die Messerstiche abzuwehren. Zahid führte aus, dass er Angst um sein Leben gehabt hatte und gab an, dass er immer noch starke Schmerzen habe.

Nach der Vernehmung wollte er das Büro nicht verlassen. Er sagte, dass man ihn gefälligst nach Hause fahren müsse, er sei ja schließlich Opfer gewesen. Auf mein Ersuchen hin erklärte ihm die Dolmetscherin, dass laut Auskunft seines Arztes, die Benutzung eines öffentlichen Verkehrsmittels sehr wohl möglich war. Schimpfend nahm er das zur Kenntnis und verließ das Gebäude.

Familienzwist

Kurz vor Weihnachten erschien Zahid neuerlich beim Landeskriminalamt, da er eine Anzeige machen wollte. Da keine Dolmetscherin erreicht werden konnte, wurde die Vernehmung auf den 23. Dezember 2013 verschoben. An diesem Tag erschien der Mann allerdings wieder nicht.

Er kam erst wieder am 8. Jänner 2014, nachdem wir ihn über seinen Betreuer vorgeladen hatten.

Er gab an, dass die Familie des Täters seine Familie in Pakistan aufgesucht und gedroht hatte, dass ihnen etwas passieren würde, wenn er keinen Frieden mit Maqsud schließen würde. In Pakistan sei es möglich, dass das Opfer mit dem Täter „Frieden schließt" und dann der Täter aus dem Gefängnis entlassen werde. Seine Mutter sei bereits mehrfach von mehreren Männern aufgesucht worden. Sie habe Angst. Es wurde Zahid mitgeteilt, dass seine Mutter in seiner Heimat Anzeige erstatten müsse. Er war eigentlich wieder ziemlich ungehalten, da er uns dann sogar noch beschimpfte, dass man ihm nicht helfen würde. Er habe ja schließlich auch Rechte. Er verhielt sich eigentlich wie bei den anderen Befragungen/Vernehmungen. Er war nur dann kooperativ, wenn er sich von der Polizei etwas erwartete.

Zahid gab noch an, dass er glaube, Maqsud sei ein Auftragsmörder gewesen, der ihn umbringen hätte sollen. Warum er dieser Anschauung war, konnte er uns aber nicht sagen.

Aufgrund der internationalen Bestimmung, wonach die Polizei und das Gericht bei einem Asylanten keinen Schriftverkehr mit seinem Heimatland machen darf, war die Überprüfung dieses Sachverhaltes unmöglich.

Selbstverständlich wurde aber Maqsud dazu befragt. Er bestritt vehement, dass seine Familie so etwas machen würde. Seine Familie wisse ja gar nicht, dass er inhaftiert sei.

Gerichtsverhandlung

Die Gerichtsverhandlung fand im Herbst 2014 statt. Da das Opfer Zahid untergetaucht war, konnte die Gerichtsverhandlung nicht früher angesetzt werden. Zu dieser Verhandlung erschien das Opfer aber wieder nicht. Die vorsitzende Richterin verlas daher – mit Zustimmung des Verteidigers und des Staatsanwaltes – die Angaben des Opfers.

Anschließend schilderten die beiden Sachverständigen ihre Feststellungen und erörterten ihre Gutachten, die sie zuvor der Staatsanwaltschaft übermittelt hatten.

Dr. Walter Rabl führte aus, dass zumindest zwei der sieben Messerstiche mit einer *„erheblichen Wucht"* ausgeführt worden waren. Dazu habe der Täter mit voller Energie zustechen müssen. Das Opfer habe nur knapp überlebt, etliche innere Organe seien verletzt worden.

Dr. Reinhard Haller erklärte dem Geschworenengericht, dass der Angeklagte schüchtern und höflich sei. Die Zurechnungsfähigkeit sei aufgrund seiner schlimmen Kindheit und wiederholter Kränkungen eingeschränkt, aber nicht aufgehoben gewesen. Hinsichtlich der Gefährlichkeitsprognose konnte Dr. Reinhard Haller ausschließen, dass der Täter eine solche Tat wiederholen werde.

Urteil

Die Geschworen sprachen den Täter mit 6:2 Stimmen des Mordversuchs schuldig. Maqsud wurde zu sieben Jahren Haft verurteilt. Die Vorsitzende begründete das milde Urteil mit der Unbescholtenheit des Täters, seinem Geständnis, seinem geringen Alter und der eingeschränkten Zurechnungsfähigkeit, zumal es keine Erschwerungsgründe gegeben hatte.

NORBERT SCHWENDINGER PERSÖNLICH

Inwieweit werden Streifenpolizisten auf solche Einsätze vorbereitet?

Alle Polizisten, nicht nur die uniformierten Beamten, werden auf solche Einsätze vorbereitet. Wobei man natürlich festhalten muss, Übung/Training und Ernstfall sind nicht immer zu vergleichen.

Seit vielen Jahren gibt es das sogenannte Einsatztraining, an dem jeder Beamte mehrfach im Jahr verpflichtend teilzunehmen hat. Bei diesem Training versuchen speziell ausgebildete Beamte auf mögliche Szenarien des Dienstes einzugehen. Diese werden dann auch praxisbezogen geübt.

Sechs Anklagen gegen brutale Geiselnehmer

GASCHURN. Sie verschleppten den 26-jährigen Vorarlberger in einen Wald, schlugen und quälten ihn mit einem Elektroschocker.

Alles drehte sich um eine junge Frau, eine 21-jährige Deutsche, ehemalige Freundin des 24-jährigen Haupttäters.

Unterwegs soll der Haupttäter dem Vorarlberger Opfer Stromstöße in Hals und Brust verabreicht haben.

Geiselnahme und Entführung

Vorgeschichte

Zwei junge Leute lernen sich in einer Disco in Bonn kennen, treffen sich immer wieder und sind schließlich ein Liebespaar. So ging es auch der 21-jährigen Anna, sie schwebte im siebten Himmel und stimmte freudig zu, als ihr der drei Jahre ältere Hüseyin nach einigen Monaten vorschlug, dass er sie nach dem islamischen Glauben heiraten wolle. Dann kam es zu einer – für sie – *„komischen Hochzeit"*. Man erklärte ihr, dass sie jetzt Hüseyins Frau sei und ihm gehorchen müsse.

Ab diesem Zeitpunkt veränderte sich Hüseyin, er sah Anna nicht mehr als Partnerin, sondern als sein Eigentum. Sie hatte zu tun, was er wollte und sie hatte seine Wünsche zu erfüllen. Wenn sie sich bspw. mit einer Freundin treffen wollte, musste sie ihn um Erlaubnis fragen.

Anna hatte sich ihr gemeinsames Leben so nicht vorgestellt, es kam daher immer wieder zu Problemen zwischen den beiden jungen Leuten. Hüseyin war nicht nur herrschsüchtig, er war auch eifersüchtig und sah in jeder Person, egal ob männlich oder weiblich, die mit Anna sprach, einen Feind. Er fuhr seiner Partnerin nach, wenn sie mit ihrer Freundin ins Fitness-Studio ging, wartete, bis sie wieder herauskam und machte ihr immer wieder eine Szene. Das ging so weit, dass er Anna beschimpfte und unter Drohungen zwang, in sein Auto einzusteigen.

An einem Abend kam zufällig eine männliche Person mit Anna und deren Freundin aus dem Fitness-Studio. Hüseyin erkannte darin sofort einen vermeintlichen Nebenbuhler und schlug den Mann wortlos nieder. Solche Vorfälle häuften sich, die junge Frau wurde immer öfters von Hüseyin gezwungen, mit ihm mitzufahren, er zwang sie, der Wohnung zu bleiben und sperrte sie dort ein.

Anna traute sich anfänglich nicht, jemandem von den Vorfällen zu erzählen. Sie ließ seine Beschimpfungen, Beleidigungen und auch Prügel über sich ergehen.

Als Annas Leidensdruck zu groß wurde, vertraute sie sich doch ihrer besten Freundin an, die mit ihr sofort zur Polizei ging. Hüseyin wurde zu den Vorwürfen Entführung, Drohung, Stalking, sexuelle Nötigung, Körperverletzung und vieles mehr vernommen, stritt aber alles ab und stellte die Ausführungen als Hirngespinste seiner Frau dar, die von ihrer Freundin aufgehetzt worden war.

Da Anna die Vorwürfe teilweise abschwächte, reichte es nicht aus, um Hüseyin festzunehmen. Er wurde aber angezeigt, eine einstweilige Verfügung wurde ausgesprochen und später wurde Hüseyin auch verurteilt.

Nach der Anzeigeerstattung sollte das Leben der jungen Frau aber erst so richtig zum Horror werden. Obwohl er sich ihr nicht nähern durfte, verfolgte und kontrollierte er sie. Wenn sie sich mit jemandem traf, drohte er ihr. Es kam zu einer weiteren Entführung und auch zu sexuellen Übergriffen.

Anna beendete die Beziehung endgültig, worauf Hüseyin mit Drohungen und andauerndem Stalking reagierte. Immer wieder wurde er angezeigt, aber Anna schaffte es dennoch, sich von Hüseyin zu distanzieren.

Ein neuer Mann

Im Winter 2014 fuhr Anna mit ihrer Freundin zum Skifahren ins Montafon. Beim Après-Ski lernte Anna den 26-jährigen Levin kennen.

Als der Urlaub zu Ende ging, beschlossen sie, weiterhin in Kontakt zu bleiben. Levin besuchte Anna in Bonn, Anna fuhr ins Montafon.

Hüseyin erfuhr jedoch von der neuen Beziehung seiner Frau und war in seiner Ehre gekränkt. Wie er zu Levins Telefonnummer kam, konnte durch die späteren Ermittlungen nicht geklärt werden. In Annas neuem Freund sah er jedenfalls einen weiteren Feind – und Feinde gehörten in seinen Augen vernichtet. Es dauerte nicht lange, bis Levin von einem vorerst unbekannten Mann angerufen wurde. Der Mann drohte Levin, am Anfang noch eher harmlos, im Laufe der Zeit wurden die Drohungen aber massiv. Der ihm unbekannte Mann verlangte wiederholt, dass Levin mit Anna Schluss machen müsse, sonst würde etwas passieren. Zur Verdeutlichung seiner Drohungen schickte Hüseyin auch entsprechende Mitteilungen per SMS und WhatsApp an Levin.

Levin nahm die Drohungen anfangs nicht ernst. Anna hatte ihm von ihrem früheren Freund und davon, was er gemacht habe, erzählt. Sie habe sich jedoch von ihm getrennt. In letzter Zeit sei es auch etwas ruhiger geworden. Er habe sie nicht mehr so oft bedroht und gestalkt.

Anfänglich verschwieg Levin seiner neuen Freundin die Anrufe und die Textnachrichten, da er sie nicht beunruhigen wollte. Irgendwann erreichten ihn die Anrufe und Nachrichten jedoch auch, wenn er mit Anna unterwegs war und so erzählte er ihr von den Belästigungen.

Für Anna war es eine klare Sache, es konnte sich nur um ihren Ex-Mann Hüseyin handeln. Bis zu diesem Zeitpunkt hatte der Mann seinen Namen weder bei den Telefonaten noch bei den Textnachrichten angegeben.

Hüseyin war krankhaft eifersüchtig und bombardierte Levin unaufhörlich mit Nachrichten und bedrohte ihn mit dem Umbringen.

Anfang Dezember 2014 besuchte Anna Levin im Montafon. Kurz vor Annas Eintreffen erhielt Levin wieder eine WhatsApp-Nachricht, in der Hüseyin ihn aufforderte, Anna sofort nach Hause zu schicken. Die Aufforderung untermauerte er noch mit einem Anruf, bei dem er Levin erklärte, dass er seine *„Leute"* vorbeischicken würde, wenn er seine Beziehung mit Anna nicht beende.

Auch als Anna bereits im Montafon war, klingelte ständig das Handy. Levin machte das einzig Vernünftige: Er nahm die Gespräche nicht mehr entgegen.

Tattag

Der 15. Dezember 2014 sollte Levins erster Arbeitstag in einem Sportgeschäft sein. Überpünktlich machte er sich auf den Weg zur Bushaltestelle, die nicht weit von seiner Unterkunft entfernt war.

Plötzlich blieb ein grüner Audi mit deutschem Kennzeichen bei der Bushaltestelle stehen. Ein Mann stieg aus, ging zur Bushaltestelle und fragte ihn, ob er Levin sei. Levin kombinierte sofort und fragte den Mann, ob er denn Hüseyin sei. Aber er bekam keine Antwort. Der Mann forderte ihn auf, ins Fahrzeug einzusteigen. Er hielt Levin am Oberarm fest und zog ihn zum Auto. Danach zwang er Levin, auf dem Rücksitz Platz zu nehmen. Hüseyin wollte wissen, wo Anna ist. Da Levin nicht bereit war, seine Freundin zu verraten, antwortete er nicht.

Damit war die Ruhe beendet, Hüseyin schlug Levin – ohne Vorwarnung – mit der Faust mehrmals ins Gesicht. Es ging alles so schnell, dass sich Levin gar nicht wehren konnte. *„Wo ist Anna?"*, schrie Hüseyin wie ein Verrückter und schlug abermals zu. Für Levin war die Lage aussichtslos, vorne saßen zwei Schlägertypen und Hüseyin schlug immer wieder auf ihn ein. Aufgrund der Drohungen und der Schläge wusste Levin keinen Ausweg mehr und sagte, wo sich Anna aufhielt. Levin konnte die Schläge, die er ins Gesicht und gegen den Oberkörper bekommen hatte, gar nicht mehr zählen. Er hatte nur noch Schmerzen, starke Schmerzen. Zur Verdeutlichung seiner Drohungen nahm Hüseyin einen Elektroschocker von der Hutablage und drückte diesen gegen den Genitalbereich des Verletzten. Er drückte mehrfach ab. Levin schrie vor Schmerzen.

Hüseyin drehte nun offensichtlich vollkommen durch, denn jetzt zog er auch noch eine Pistole aus dem Hosenbund, lud diese demonstrativ durch und drückte den Lauf der Waffe in Levins Mund. Levin hatte Todesangst.

Die Fahrt zur Wohnung kam Levin endlos vor, obwohl es nicht einmal ein Kilometer war. Dort stieg Hüseyin aus und ging zur Wohnung. Levin wurde von den zwei Begleitern gezwungen, im Fahrzeug zu bleiben. Sie fuhren mit ihm weg.

Schreckerlebnis

Anna war in der kleinen Wohnung, trank Kaffee und räumte auf, als plötzlich die Türe aufging und Hüseyin, ihr *„Noch-Ehemann"*, eintrat. Sie erschrak und wusste nicht, was sie jetzt tun sollte. Levin war nicht da, wie sollte sie sich gegen den Gewalttäter zur Wehr setzen. Wie hatte er sie in diesem abgelegenen Tal überhaupt gefunden?

Und die Qualen begannen auf ein Neues. Bevor Hüseyin überhaupt etwas sagte, versetzte er Anna zwei kräftige Ohrfeigen. Dann begann sein drohendes Geschrei. Er nahm ihr das Handy weg und beschimpfte sie auf das Übelste. Sie konnte ihm ansehen, dass er voller Hass war. Immer wieder stellte er ihr Fragen, die sie gar nicht beantworten konnte. Er gab ihr öfters eine *„Watsche"* und immer wieder schlug er sie am ganzen Körper. Sie musste unter Gewaltandrohung ihre Kleider packen, da er erklärte, dass sie – da sie ja *„seine"* Frau war – mitfahren werde. Und mit ihrem Freund sei er sowieso noch nicht fertig, er würde ihn weiter quälen und misshandeln. Er lasse sich das nicht gefallen, dass man ihm *„sein Eigentum"* wegnehme. Ihr würde er die Lippen abbeißen, da sie Levin geküsst habe. Damit sie die Drohungen auch ernst nahm, fuchtelte er immer wieder mit seiner Pistole herum.

Sie hatte ihre paar Sachen schnell in eine Reisetasche gegeben, als die Türe erneut aufging. Zwei gefährlich wirkende Typen, einer mit einer Rockerkutte, kamen ins Zimmer. Im Schlepptau Levin! Was hatten sie mit ihm gemacht, sein Gesicht war blutunterlaufen und geschwollen.

Hüseyin erteilte Levin in lautem Befehlston die Weisung, sich auf die Couch zu setzen. Da er dieser Aufforderung nicht gleich nachkam, verdeutlichte er seinen Befehl, indem er mit der Faust ein paar Mal sehr kräftig gegen Levins Oberkörper schlug. Hüseyin schlug mehrmals mit der Faust auf den sitzenden Levin ein, er traf ihn im Gesicht und im Halsbereich. Dann holte er so richtig aus und schlug mit voller Kraft zu. Aufgrund der großen Wucht fiel Levin auf der Couch seitlich um. Doch immer noch nicht genug, die Schläge gingen weiter. Als Anna versuchte, sich zwischen Levin und Hüseyin zu stellen, damit Hüseyin endlich mit der sinnlosen Prügelei aufhörte, schlug er mit seinem Ellbogen der hilflosen Frau ins Gesicht, die daraufhin auf den Boden sackte. In der Folge begann Hüseyin auch noch mit den Füßen auf den liegenden Mann einzutreten.

Während Hüseyin auf den hilflosen Mann einschlug, durchsuchten die beiden Begleiter das Zimmer nach Wertgegenständen. Hüseyin forderte Levin auf, die Geldtasche herauszugeben. Die Mittäter wurden fündig, sie stahlen eine relativ wertvolle Armbanduhr, etwas Bargeld und ein Dekorationsschwert aus Holz.

Einer der Mittäter nahm Levin in den Schwitzkasten und zog ihn aus dem Zimmer. Hüseyin drängte Anna aus dem Raum. Die Täter zwangen die Opfer zu dem ca. 100 Meter vom Haus entfernt geparkten Auto. Levin und Anna mussten sich auf die Rückbank des Fahrzeuges setzen. Hüseyin platzierte sich zwischen den beiden Personen. Sie fuhren talauswärts und die Misshandlungen durch Hüseyin gingen weiter. Er schlug mit der Faust und dem Ellbogen immer wieder gegen Levins Gesicht und dessen Oberkörper. Die Schläge waren so massiv, dass Levin mehr als einmal gegen die Seitenscheibe des Autos knallte und dadurch schon benommen war. Der Lenker versuchte Hüseyin zwar zu beruhigen, aber der war so in seinem Element, dass er nicht zu beruhigen war. Hüseyin nahm Levin das Handy weg und löschte alle Bilder. Dann nahm er den Akku aus dem Gerät und warf beides achtlos auf den Boden des Fahrzeuges.

Hüseyin nahm wiederum den Elektroschocker von der Hutablage und hielt ihn gegen Levins Hals. Er hielt den Auslöser extra lange gedrückt, Kevin schrie nur noch vor Schmerzen und bettelte, dass er aufhören solle. Auch Anna flehte ihn an, aber er machte einfach weiter. Hüseyin wechselte die Position des Elektrogerätes, hielt es Levin gegen die Brust und drückte wieder ab. Er setzte seine inzwischen schon perversen Anordnungen fort. Levin sollte seine Hose ausziehen. Da er sich weigerte, versetzte ihm Hüseyin mit dem Elektroschocker drei massive Stromstöße zwischen die Beine. Kurz vor Bludenz bogen sie in einen Waldweg ab. Renaldo, der Fahrer, hielt den Audi an. Hüseyin befahl Levin auszusteigen. Nachdem sie nicht mehr in Sichtweise des Mädchens waren, schlug Hüseyin wieder zu: Schläge, Misshandlungen mit dem Elektroschocker, Malträtierungen mit einer Stahlrute, Bedrohung mit dem Messer. Als Levin schon glaubte, das Schlimmste sei überstanden, nahm Hüseyin einen langen Ast und schlug zu, genau auf seinen Kopf. Levin merkte, dass ihm Blut vom Kopf rann.

Am Boden liegend, hörte er Stimmen. Levin wurde von einem der Täter an den Haaren hochgezogen und sah in das verweinte Gesicht seiner Freundin. Einer der Täter warf ihm ein Papiertaschentuch hin und meinte, dass er damit ja die Blutung stillen könne. Dann wiesen sie ihn an, beide Hände über den Kopf zu halten und am Boden liegen zu bleiben. Plötzlich war es ruhig, sie mussten mit seiner Freundin verschwunden sein.

Hilfe

Levin, der immer noch schmerzverkrümmt auf dem Waldboden lag, konnte sich kaum bewegen. Ihm war klar, er musste zumindest zu den nächsten Häusern kommen, er brauchte Hilfe. Telefonieren konnte er nicht, da ihm Hüseyin sein Handy im Auto weggenommen hatte. Er zwang sich aufzustehen, das Gehen fiel ihm schwer. Die Schmerzen waren so stark, dass er immer wieder zu Boden fiel. Er hatte Angst, dass die Täter noch irgendwo auf ihn warteten und dann mit ihrer Folter weitermachten. Er schlich sich über einen kleinen Waldpfad Richtung Gaschurn. Er kam nur langsam voran, aber irgendwie schaffte er es zum Haus eines Bekannten.

Erwin erschrak, als er Levin so sah: Blut, Blut, überall nur Blut. Da Levin nicht gleich sagte, was passiert war, schrie Erwin ihn an. Levin antwortete leise, kaum hörbar, dass Annas Mann mit zwei Handlangern ins Montafon gekommen sei und ihn am Morgen bei der Bushaltestelle überfallen habe. Erwin handelte rasch und fuhr mit Levin ins Krankenhaus Bludenz. Levin erschrak, als er sah, dass es schon kurz vor Mittag war.

Bereits auf der Fahrt hatte Erwin die zuständige Polizeiinspektion telefonisch verständigt. Er teilte ihnen mit, dass er auf der Fahrt ins Krankenhaus Bludenz sei. Die Beamten reagierten sofort, adjustierten sich und fuhren mit dem Dienstfahrzeug nach Bludenz. Bei der Erstbefragung gab Levin auch die Personaldaten seiner Freundin bekannt, sodass wir umgehend die zuständige Polizeidienststelle in Deutschland bzw. in Bonn kontaktieren konnten. Die Fahndung nach Hüseyin wurde nun auch auf Bonn bzw. Deutschland ausgedehnt. Vorerst verlief die Fahndung allerdings negativ.

Die Weiterfahrt

Anna stand unter Schock. Nachdem sie den blutüberströmten und vor Schmerz wimmernden Levin anschauen musste, zwang Hüseyin sie erneut, sich auf die Rückbank des Autos zu setzen.

Während der langen Fahrt nach Bonn beschimpfte Hüseyin sie unzählige Male und verpasste ihr auch mehrere Faust- und Ellbogenschläge. Sie hatte aufgegeben, es war ihr eigentlich egal, was mit ihr passieren würde, sie hatte früher schon so vieles ertragen müssen, als sie noch ein Paar gewesen waren, was sollte noch Schlimmeres kommen.

Vergewaltigt hatte er sie früher auch schon, es wird eh wieder passieren. Sie war diesem Mann hilflos ausgeliefert. Damit seine Drohungen noch mehr Wirkung zeigten, hielt er ihr die Pistole immer wieder gegen den Kopf und gegen ihre Brust. Er schrie laufend, dass sie zu ihm gehöre und er mit ihr machen könne, was er wolle.

In Bonn, vor der Wohnung seiner Eltern angekommen, schob Hüseyin sie durch die Eingangstüre. Ihr Martyrium endete erst Stunden später, als Hüseyins Vater nach Hause kam und ihm befahl, Anna nach Hause zu bringen.

Hüseyin brachte sie dann tatsächlich zu ihren Eltern. Er sagte kein Wort mehr und ließ sie einfach aussteigen. Anna rannte sofort zur Haustüre, die zum Glück unversperrt war und flüchtete ins Haus. Ihre Eltern erschraken, als sie ins Wohnzimmer kam. Die junge Frau musste fürchterlich ausgesehen haben. Sie erzählte ihnen, dass Hüseyin Levin und sie in Österreich überfallen und sie dann gewaltsam mit nach Deutschland genommen habe. Ihre Eltern brachten sie ins Krankenhaus, dort wurde sie sofort untersucht. Sie hatte zahlreiche Prellungen und Blutergüsse, trotzdem ging es ihr relativ gut. Ihr Vater informierte inzwischen die Polizei. Er teilte den Beamten mit, dass er sich mit Anna im Krankenhaus in Bonn aufhalte. Diese waren bereits von der Kripo in Bregenz informiert worden und hatten seit einiger Zeit nach Anna gesucht.

Anna war erleichtert, nachdem sie gehört hatte, dass Levin zwar im Spital sei, es ihm aber den Umständen entsprechend gut gehe.

Im Krankenhaus konnte Anna kurz zur Sache befragt werden.

Anna teilte den Polizisten mit, dass die Täter an einer Tankstelle vor der Autobahnauffahrt in Bludenz getankt und eine Autobahnvignette gekauft hätten. Danach seien sie über einen Kreisverkehr und dann auf die Autobahn Richtung Deutschland gefahren. Dann schilderte sie ihr weiteres Martyrium bis zur Freilassung.

Polizeiarbeit

Bei einer Tankstelle konnten sowohl das Fahrzeug als auch die mitfahrenden Personen auf der Videoüberwachung festgestellt werden. Zwei der Täter blieben beim Fahrzeug zurück, man sah auf der Kamera, dass auf der Rücksitzbank noch eine Person saß, diese war jedoch nicht genau erkennbar. Die beiden Männer waren sehr gut identifizierbar. Der dritte Mann ging ins Tankstellengebäude und forderte eine 10 Tages-Vignette. Danach bezahlte er die Tank- und Vignettenrechnung.

Festnahmen in Deutschland

Die Wohnung des Haupttäters Hüseyin wurde observiert, da nicht feststellbar war, ob sich der Täter in der Wohnung befindet. Nachdem genügend Polizeikräfte vor Ort waren, wurde abgewartet, bis Hüseyin am nächsten Tag gegen 17.00 Uhr aus der Wohnung kam. Er wurde vom deutschen SEK (Sondereinsatzkommando – ähnlich wie die Cobra in Österreich) überwältigt und festgenommen.

Bei der Festnahme hatte er drei prall gefüllte Plastiktüten bei sich. Darin fanden sich diverse Kleidungsstücke mit Blutanhaftungen und eine Pistole. Zudem führte er seinen amerikanischen Reisepass bei sich: Hüseyin war Doppelstaatsbürger. Aufgrund der vorgefundenen Situation war klar, dass Hüseyin Beweismittel vernichten wollte. Zudem lag der Verdacht nahe, dass er sich absetzen wollte. Hüseyin verweigerte jegliche Aussage, ebenso weigerte er sich, eine Speichelprobe zwecks DNA-Abgleich abzugeben. Er wurde bereits am nächsten Tag in die zuständige Justizanstalt in Deutschland eingeliefert.

Am gleichen Abend gegen 19.00 Uhr klickten für den zweiten Täter die Handschellen.

Die Fahndung nach dem dritten Täter gestaltete sich deutlich schwieriger, da Anna den Mann nicht kannte, er bei der Polizei ebenfalls nicht bekannt war und die beiden festgenommenen Täter jegliche Aussage verweigerten. Kurz vor Weihnachten konnte aber auch dieser Mann ausfindig gemacht und festgenommen werden. Auch er verweigerte die Aussage.

Erleichterung

Für Anna und Levin war es eine große Erleichterung, als ihnen mitgeteilt wurde, dass alle drei Täter festgenommen werden konnten. Levin wurde bereits zwei Tage nach dem schrecklichen Vorfall aus dem Krankenhaus entlassen und konnte wieder in seine Wohnung zurück. Wegen seiner Verletzungen war er bis Ende Jänner 2015 im Krankenstand.

Zuständigkeit

In diesem sehr komplexen Fall wurde sowohl in Deutschland als auch in Österreich ein Strafverfahren gegen die drei Täter eingeleitet. Da die Beschuldigten in Deutschland in Haft waren, wurde schlussendlich das Strafverfahren von der Staatsanwaltschaft Feldkirch nach Bonn abgetreten.
Die umfangreichen Unterlagen wurden von deutschen Kriminalbeamten bei der Staatsanwaltschaft in Feldkirch abgeholt. An diesem Tag besichtigten die deutschen Kollegen mit uns gemeinsam die Tatorte.

Zeugenladung

Der Vorsitzende der Richterkammer erkundigte sich bei mir, ob ich bereit wäre, für eine Zeugenaussage nach Bonn zu kommen. Es war für mich eine Selbstverständlichkeit, eine Aussage bei der Verhandlung zu machen und damit zur Klärung des Sachverhalts beizutragen. Bei der Verhandlung sah ich die drei Typen übrigens das erste Mal.

Urteile

Die Angeklagten wurden vom Landgericht Bonn schuldig gesprochen. Der Haupttäter, Hüseyin, wurde zu sieben Jahren, Renaldo zu sechs Jahren und der dritte Mittäter zu drei Jahren und 9 Monaten verurteilt.

NORBERT SCHWENDINGER PERSÖNLICH

Werden Polizisten oft als Zeugen bei Gerichtsverhandlungen im Ausland geladen?

In Deutschland bspw. ist es notwendig, dass der sachbearbeitende Polizist bei der Gerichtsverhandlung als Zeuge aussagt. Daher ersuchte mich der Vorsitzende der Richterkammer auch, an dieser Verhandlung in Bonn teilzunehmen. Da dies eher selten vorkommt, war das für mich eine Premiere und es blieb in meiner langen Dienstzeit auch bei diesem einen Fall.

Der deutsche Kollege, der für die Bearbeitung des Falles in Bonn zuständig war, erklärte mir den Ablauf im Gerichtssaal, der sich von jenem in Österreich eigentlich nur marginal unterscheidet.

Einbrecher verletzt Mann durch Schläge

28-jähriger Verdächtiger stammt aus der Nachbarschaft. Anzeige wegen Mordversuchs.

…den. Er wurde kurz vor Mitternacht von einem Geräusch geweckt. Er wollte nachsehen und sei dabei in einem Raum auf den 28-Jährigen getroffen.

Mehrere Knochenbrüche im Gesicht, Risquetschwunden und eine Gehirnblutung wurden später bei ihm diagnostiziert.

Albtraum im Schlafzimmer

Vorgeschichte

Seit Tagen, Wochen, eigentlich schon seit Monaten wurden Harald und seine Lebensgefährtin Marika, sie wohnten in einem schönen, neu erbauten Einfamilienhaus in einer größeren Gemeinde in Vorarlberg, von einem Nachbarn belästigt. Er wohnte in einem Mietshaus, in dem mehrere Leasingarbeiter wohnten. Alle verhielten sich normal, nur einer wurde zum (großen) Problem.

Der unbekannte Mann, ein Hüne, ein Riese, mit großen und dicken Pratzen, kam an die Haustüre, läutete und fragte Marika, ob sie die Chefin sei. Sie war total perplex und antwortete nicht. Dann redete er – vorerst noch einigermaßen höflich – weiter und fragte, ob seine Pakete schon da seien. Sie hatte sich wieder gefangen und antwortete ganz ruhig, dass sie keine Pakete für ihn hätte. Sie wüsste auch nicht, warum man bei ihnen Pakete für ihn abgeben sollte.

Mit dieser Antwort gab er sich vorerst zufrieden und ging. Bereits am nächsten Tag, wiederum zwischen 18.00 und 19.00 Uhr stand er vor der Haustüre, läutete und fragte Marika, ob sie die Chefin sei und dass er seine Pakete abholen wolle. Sie versuchte erneut, ihm zu erklären, dass man für ihn nichts abgegeben habe.

Eine Woche später, an einem Montag, kam es zum gleichen Vorfall, allerdings öffnete diesmal Harald die Eingangstüre. Er fragte auch Harald, ob die Chefin da sei und forderte energisch die Herausgabe seiner Pakete. Als Harald ihm erklärte, dass es keine Chefin gebe und auch keine Pakete für ihn da seien, verließ er mit lautem, unverständlichem Murren das Grundstück.

So vergingen Tage und Wochen, zwei- bis dreimal pro Woche kam der Mann am frühen Abend auf ihr Grundstück und das Szenario wiederholte sich. Von Mal zu Mal wurde der Mann unhöflicher. Harald erkundigte sich bei der Polizei, aber diese konnte ihm zu diesem Zeitpunkt nicht weiterhelfen, da der Mann keinerlei Drohungen aussprach und auch sonst nicht handgreiflich geworden war. Auch bei der Gemeinde erkundigte sich Harald, aber auch dort konnte ihm niemand weiterhelfen. Sowohl die Polizisten als auch die Gemeindemitarbeiter versprachen, dass sie mit dem Mann, dessen Name Harald zu dem Zeitpunkt noch nicht kannte, reden würden.

Nach einiger Zeit mehrten sie die Auftritte des Unbekannten. Marika fühlte sich schon länger nicht mehr wohl, der Mann, er war ja ein Bär von einem Mann, machte ihr Angst. Aber es ließ sich nicht vermeiden, dass sie die Tür ab und zu öffnete, schließlich wollten sie ihr Leben nicht von diesem Mann bestimmen lassen.

Später, bei den Befragungen der Nachbarn, wurde bekannt, dass der Mann bereits ein paar Mal negativ aufgefallen war, es waren aber nur Kleinigkeiten und die Nachbarn dachten sich nichts dabei. Allgemein wurde der Mann einfach als *„komisch"* beschrieben.

Zwischenzeitlich waren schon einige Wochen vergangen, bis der vorläufige Höhepunkt eintrat. Eines Abends, gegen 18.00 Uhr, kam der Mann wieder zu Marikas und Haralds Haustür und klingelte. Marika öffnete die Türe. Der Mann war schon sehr aufgebracht und ungehalten und schrie sie an, dass sie die Pakete herausgeben solle. Da Harald das mitbekommen hatte, ging er zur Tür und versuchte, den Mann wegzuschicken. Aber der Mann regte sich noch mehr auf und schrie. Harald versuchte erneut, den Mann wegzuschicken, als dieser ihm plötzlich

– vollkommend überraschend und ohne Vorwarnung – eine „*Watsche*" gab. Er sei richtig erschrocken und habe den Mann dann auch angebrüllt, was ihm eigentlich einfalle und er solle gefälligst verschwinden und nie wieder zu ihnen kommen. Überraschenderweise verließ er dann auch wortlos das Grundstück.

Harald rief bei der Polizei an, die den Sachverhalt auch gleich an Ort und Stelle aufnahm und ihn ersuchte, zur Polizeiinspektion zu kommen, um alles zu protokollieren.

Ruhe vor dem Sturm

Es war komisch, aber seit diesem Tag wurde es wirklich ruhig. Es gab keine Belästigungen mehr, der Mann wurde auch nicht mehr gesehen. Bedauerlicherweise stellten das auch die Polizisten fest, denn der Mann war auch für sie nicht „*greifbar*". Trotz zahlreicher Versuche trafen sie den Mann nicht an.

Samstag, 8. Mai 2015

Marika hatte schon länger geplant, mit ihrer Tochter zu ihren Eltern nach Deutschland zu fahren. Harald hatte überlegt, ob er eventuell mitfahren solle, aber für das Wochenende war herrliches Wetter vorausgesagt. Da er schon länger nicht mehr Motorradfahren war, hatte er sich entschieden, den nächsten Tag mit einer ausgiebigen Motorradtour zu genießen.

Marika und ihre Tochter reisten am Freitag ab. Am Samstag unternahm Harald seine geplante Tour, von der er am späten Nachmittag wieder zurückkehrte. In der Nacht wurde Harald durch einen lauten Knall geweckt. Er war noch schlaftrunken und konnte den Knall gar nicht richtig zuordnen. Trotzdem entschied er sich – irgendwie instinktiv

– aufzustehen. Er versuchte, zur Schlafzimmertür zu kommen und wollte gerade den Lichtschalter betätigen.

Da ging plötzlich die Schlafzimmertür auf, der Riese stand vor ihm. Harald konnte seine Brille nicht finden, so erkannte er nur die Umrisse des Mannes. Riesengroß und dick, er füllte den Türrahmen fast aus. Dann machte der Mann das Licht an. Er schrie den Hausbewohner an, dass er seinen Ausweis wolle. Bevor Harald reagieren konnte, rannte der Mann ins Zimmer und schlug mit den Fäusten auf ihn ein. Der Mann war Harald körperlich weit überlegen.

Der Mann schrie immer wieder, dass er seinen Ausweis wolle, er wolle die Chefin sprechen und seine Pakete abholen. Da wurde Harald klar, dass der Unbekannte sein durchgeknallter Nachbar sein musste. Er versuchte die Arme schützend vors Gesicht zu halten, damit er die Schläge etwas abfangen konnte, doch das nützte ihn gar nichts. Dirk, so der Name des Mannes, nahm einen im Zimmer stehenden Luftbefeuchter, brüllte irgendetwas Unverständliches und schlug damit mit voller Wucht auf Harald ein. Er schlug auf seinen ganzen Körper ein und zwar so hart, dass das Gerät in Brüche ging. Dirk warf den Gegenstand in eine Ecke und schlug mit den Fäusten weiter auf sein Opfer ein.

Harald bettelte, dass er ihn doch am Leben lassen solle. Aber all das Betteln half nichts. Er versuchte, lautstark um Hilfe zu rufen, doch er hatte keine große Hoffnung, dass ihn jemand hören könnte.

Plötzlich und vollkommen unerwartet fiel der Hausbesitzer rücklings aufs Bett. Das dürfte aufgrund der wuchtigen Schläge des Täters passiert sein. Dirk sprang mit seinem ganzen Körpergewicht auf den wehrlos im Bett zusammengekrampften Harald. Das Bett brach unter der Last zusammen. Dirk saß auf Harald und würgte diesen mit voller Kraft.

Harald hatte mit seinem Leben bereits abgeschlossen, er war dem Täter hilflos ausgeliefert, als er das Bewusstsein verlor.

Zeuge

Die verzweifelten Hilferufe fanden, es war fast schon ein Wunder, doch Gehör. Einer seiner Nachbarn stand auf der Terrasse, da er zuvor den Knall auch gehört hatte. Er konnte allerdings nicht feststellen, woher der Knall gekommen war. Plötzlich hörte er die lauten Hilferufe seines Nachbarn Harald. Emre reagierte sofort. Er vermutete, dass Harald überfallen worden war und rief gleich beim Notruf der Polizei an. Dann nahm er sein Handy und rannte. Er rannte die paar Meter zu Haralds Haus, da sah er schon eine Polizeistreife mit Blaulicht heranfahren. Die Beamten waren zufällig gerade in der Nähe, als ihnen die BLS über Funk den offensichtlichen Überfall meldete.

Sie fuhren zum Einsatzort und sahen dort einen Mann, der zu besagtem Haus rannte. Der Mann rief den Beamten gleich zu, dass er der Anrufer gewesen sei und deutete zu Haralds Haus. Er schrie, dass dort etwas Schlimmes passiert sein müsse.

Die beiden Beamten rannten zur Terrasse und sahen gleich, dass ein großes Loch in der Terrassentür war. Die Tür war aufgebrochen, im Haus konnten sie kein Licht erkennen. Im Lichtschein der Taschenlampe sahen sie einen riesigen Stein bei der gegenüberliegenden Wand im Wohnzimmer liegen.

Später wurde der Stein von den Spurensicherungsbeamten des Landeskriminalamtes gewogen. Er wog mehr als 5 kg. Die Spezialisten der Tatortgruppe des LKA Vorarlberg stellten bei der Dokumentation der Spuren fest, dass der Täter diesen Stein in einer Höhe von ca. 1,60 m mit so großer Wucht gegen die Terrassentür geschleudert hatte, dass der Stein sogar noch bei der gegenüberliegenden Wand (Entfernung ca. fünf Meter) im Wohnzimmer eine größere Beschädigung verursacht hatte.

Plötzlich sah die junge Beamtin einen großen, dicken Mann vom oberen Stockwerk kommen und schrie diesen gleich laut an: *„Polizei, bleiben Sie stehen"*. Doch der Mann ignorierte das und rannte in die andere Richtung. Der zweite Beamte rannte außen ums Haus Richtung Eingangstür und sah den Mann gerade noch aus dem Haus rennen. Der Unbekannte flüchtete genau in Richtung des Zeugen.

Der Zeuge war sehr beherzt und bewies Zivilcourage. Er erkannte die Situation und bemerkte auch, dass der Beamte noch zu weit vom Täter weg war. Emre sah nur eine Möglichkeit und rempelte den Täter mit seiner Schulter so kraftvoll wie er konnte an. Dadurch kam Emre zu Sturz. Der Rempler war aber so stark, dass auch der Täter zu Boden stürzte. Sofort war der Beamte zur Stelle und versuchte den Täter am Boden zu halten. Er rief seiner Kollegin, dass er dringend Hilfe benötige. Die Kollegin schrie noch ins Funkgerät, dass sie dringend Unterstützung benötigen würden und rannte dem Kollegen zu Hilfe.

Die BLS verständigte alle verfügbaren Polizeistreifen, inklusive einer Cobrastreife und schickte sie zum Tatort.

Nur mit größter Kraftanstrengung gelang es den beiden Beamten, auch mit der tatkräftigen Hilfe des Zeugen, den Täter einigermaßen am Boden zu halten. Irgendwie schafften sie es sogar, ihm die Handschellen anzulegen. Trotzdem wehrte sich der Unbekannte energisch und wollte die Flucht ergreifen.

Der Mann war den Beamten und auch dem Zeugen körperlich weit überlegen. Es wurde ein erbitterter Kampf am Boden. Dirk wollte mit aller Kraft aufstehen und flüchten, die Beamten konnten ihn nur mit letzter Kraft am Boden halten. Plötzlich hörten sie die Sirene von einem weiteren Polizeiauto. Die nächste Sektorstreife, besetzt mit zwei Polizistinnen, traf ein.

Da es aufgrund der wilden und kräftigen Gegenwehr aussichtslos war, dass zwei Männer (Polizist und Zeuge) und zwei Frauen den Mann unter Kontrolle bringen konnten, blieb ihnen nur die Möglichkeit, den Mann mit vereinten Kräften auf den Boden zu drücken und zu hoffen, dass die nächste Streife bald eintreffen würde.

Eine Beamtin rannte inzwischen zum Haus, um nachzusehen, was dort passiert war. Sie fand den bewusstlosen und blutüberströmten Harald im Schlafzimmer. Das Zimmer war total verwüstet. Statt eines

Bettes lagen nur noch Bretter auf dem Boden, irgendein Gegenstand lag komplett zerstört in einer Ecke. Überall war Blut, an den Wänden waren unzählige dicke Blutspritzer, auf dem Boden waren richtige Blutlachen.

Sie teilte der BLS per Funk mit, dass ein Notarzt und die Rettung dringend benötigt würden. Der Beamte der BLS antwortete, dass er die RFL schon beim Einlangen des Notrufes verständigt hatte und der Notarzt sofort zur Stelle sein müsste.

Wie schwierig das Festhalten des Mannes war, sagte mir später eine junge Kollegin, die sich auf seinen Fuß setzte, damit sie ihn auf den Boden drücken konnte. Sie habe auch mit beiden Armen versucht, den Fuß unten zu halten. Plötzlich und vollkommen unerwartet sei der Unterschenkel in die Höhe gegangen und sie sei in der *„Luft gesessen"*. Trotz aller Anstrengung habe sie es nicht mehr geschafft, den Fuß niederzudrücken.

Entwarnung gab es erst, als die Cobra eintraf. Drei Cobra-Beamte lösten die erschöpften *„Kämpfer"* ab. Die erfahrenen Beamten konnten den Mann mit vereinten Kräften so gut am Boden halten, dass sie nun auch Fußfesseln anlegen konnten. Es dauerte aber noch ein paar Minuten, bis der Mann endlich einsah, dass er gegen diese Spezialisten keine Chance hatte. Dann gab er endlich auf.

Die Cobra-Beamten fuhren ihn zur Polizeiinspektion. Gemeinsam mit den örtlich zuständigen Beamten brachten sie ihn in den Arrestraum. Die blutverschmierte Kleidung stellten die Beamten sicher.

Auch Notarzt und Rettungssanitäter waren sehr schnell am Einsatzort und kümmerten sich sofort um den schwerverletzten, nicht ansprechbaren Mann. Nach der Erstversorgung wurde das Opfer ins LKH Feldkirch eingeliefert und sofort operiert. Wie die Ärzte feststellten, wurde der Mann lebensgefährlich verletzt. Das Opfer lag zuerst auf der Intensivabteilung des LKH Feldkirch und musste danach noch Wochen in stationärer Behandlung bleiben.

Das Opfer wurde später von einer Gerichtsmedizinerin der Medizinischen Universität Innsbruck untersucht. Dabei wurde neben den schweren Verletzungen festgestellt, dass der Mann möglicherweise nicht mehr voll arbeitstüchtig sein werde.

> ⓘ Die Sachverständige hatte später in ihrem Gutachten, das bei der Hauptverhandlung vorgetragen und näher erläutert wurde, nachstehenden Satz geschrieben: „Die körperlichen Attacken gegen … waren geeignet, den Genannten zu töten. Es ist glücklichen Umständen sowie dem raschen Eintreffen der Einsatzkräfte zu verdanken, dass … die Tat überlebt hat."

Neben dem Hausbesitzer wurden auch der Zeuge und ein Polizeibeamter erheblich verletzt und mussten ärztliche Hilfe in Anspruch nehmen.

Inzwischen wurde versucht, die Identität des Täters festzustellen, da er bei der Festnahme keinen Ausweis und auch sonst keine Gegenstände bei sich hatte.

Emre, der Zeuge, der Harald mit Sicherheit das Leben gerettet hatte, konnte mittlerweile auch kurz befragt werden, er war sichtlich mitgenommen.

Bei der nächsten Arrestkontrolle schlief der Beschuldigte. Er läutete gegen 7.00 Uhr. Dirk war relativ höflich und bat um einen Kaffee, den er mit einer Jause auch bekam. Er fragte die Beamten, wo er denn eigentlich sei. Er wisse nur, da die Personen Uniformen tragen, dass er bei der Polizei sei. Sonst wisse er gar nichts. Er wisse nicht einmal, in welchem Land er sei.

Da die Identität des Mannes bereits geklärt werden konnte, wurde er mit seinem Namen angesprochen. Darauf reagierte er überhaupt nicht.

Er war an dem Vormittag durchaus kooperativ und stimmte einer freiwilligen Blutabnahme (die ist zur Feststellung einer eventuellen Beeinträchtigung durch Alkohol, Medikamente oder Suchtmittel erforderlich) zu. Diese wurde dann vom Gemeindearzt durchgeführt.

Die Auswertung ergab, dass Dirk keinen Alkohol konsumiert hatte, man konnte aber feststellen, dass er diverse Suchtmittel konsumiert hatte. Zum Zeitpunkt der Blutabnahme war er dadurch aber nicht mehr beeinträchtigt.

Einladung

Auch wenn die ganze Angelegenheit gar nicht lustig war, ab und zu gibt es auch unterhaltsame Momente. Bei einer weiteren Arrestkontrolle kurz nach Mittag schlägt Dirk der kontrollierenden Beamtin vor, dass sie doch mit ihm „*durchbrennen*" solle. Er sei ein toller Mann, zudem würde ihn hier nichts mehr halten. Die Beamtin fand den Vorschlag des Mannes, mit dem sie in der Nacht noch einen sehr anstrengenden Kampf hatte, gar nicht unterhaltsam. Sie konnte jedenfalls nicht darüber lachen.

Vernehmung

Die Versuche, mit dem Beschuldigten ein Gespräch zu führen, erwiesen sich als sinnlos. Aufgrund seines psychischen Zustandes waren eine Befragung oder eine Vernehmung unmöglich. Somit blieb den Beamten nichts weiter übrig, als den Beschuldigten – ohne Vernehmung – in die Justizanstalt Feldkirch zu überstellen. Aufgrund des Verhaltens des Beschuldigten und der hohen Fluchtgefahr wurden die Beamten der Cobra um Unterstützung gebeten.

Sie übernahmen den Mann und lieferten ihn am frühen Abend in die Justizanstalt Feldkirch ein.

Sachschaden

Im Haus entstand ein erheblicher Sachschaden.

Fremde Post

Bei der Durchsuchung von Dirks Zimmer konnten div. Postsendungen, die an Harald und dessen Lebensgefährtin adressiert waren, gefunden werden. Es war ganz offensichtlich, dass Dirk die Post seiner Nachbarn gestohlen hatte.

Wohnungsvermieter

Der Vermieter gab bei der polizeilichen Befragung an, dass Dirk anfänglich bei einer Baufirma gearbeitet habe. Dort sei er wegen der geringen Auftragslage gekündigt worden. Er habe die Miete schon länger nicht mehr bezahlt und daher die Kündigung des Zimmers bekommen. Er hätte das Zimmer eigentlich schon vor der Tat verlassen müssen.

Der Vermieter erzählte weiter, dass er anfangs mit Dirk normale Gespräche geführt habe. Von einem Tag auf den anderen habe sich Dirk aber verändert und ihn (Vermieter) beschuldigt, dass er die Wohnung verwanzen und mit Video überwachen würde. Alle würden ihn (Dirk) verfolgen.

Deutschland

Die Ermittlungen zu dem Beschuldigten ergaben, dass er in Österreich keine Vorstrafen hatte, er war lediglich wegen des Vorfalls mit Harald („*Watsche*") angezeigt worden. Es konnte in Deutschland aber abgeklärt werden, dass er bereits einmal wegen Freiheitsberaubung in Haft war. Er war damals, da er sich von seinem Arbeitgeber um den Lohn betrogen gefühlt hatte, in das Haus seines Arbeitgebers eingedrungen und hatte dessen Frau und zwei Kinder mit einem Messer bedroht und als Geiseln genommen. Der Frau gelang es, die Polizei zu verständigen, die Dirk dann im Haus überwältigte und festnahm.

Er wurde im Jahre 2013 bedingt aus einer zweieinhalbjährigen Haftstrafe entlassen.

Er wurde auch noch wegen weiterer Delikte angezeigt. Sein Bewährungshelfer in Deutschland teilte uns mit, dass er Dirk seit Kindesbeinen kenne und Dirk eigentlich nie auffällig gewesen sei. Er, der Bewährungshelfer, sei sogar Dirks Lehrer gewesen. Die Probleme seien erst entstanden, als sich Dirk den „*Ultras*" (fanatische Fußballfans) angeschlossen habe. Zudem habe ihn die Haft verändert. Anfänglich habe er – als Bewährungshelfer – fast ein Jahr Kontakt zu Dirk gehabt, dieser sei aber plötzlich abgebrochen. Kurz danach sei Dirk spurlos verschwunden und habe die Auflagen, sich regelmäßig zu melden, nicht mehr eingehalten.

KSÖ-Preis

Der Zeuge Emre wurde von uns für den Sicherheitspreis, der jährlich vom KSÖ an engagierte Mitbürger/innen verliehen wird, vorgeschlagen. Emre rettete durch sein überlegtes und kühnes Handeln mit Sicherheit Haralds Leben. Der Täter hätte von Harald nicht abgelassen und man musste davon ausgehen, dass er ihn – vollkommen grundlos – getötet hätte.

Das Präsidium des KSÖ kam dem Vorschlag auch nach und verlieh Emre eine schöne Auszeichnung.

Fluchtversuch

Aufgrund seiner schweren psychischen Erkrankung wurde Dirk von der Justizanstalt Feldkirch in die geschlossene Abteilung des Landeskrankenhauses Rankweil überstellt und unter ärztliche Aufsicht gestellt. Ca. eine Woche nach dem Angriff auf Harald ging Dirk tätlich gegen einen Pfleger vor, indem er ihm mit dem Ellbogen gegen den Brustbereich schlug.

Der Pfleger verlor dadurch seinen Schlüssel. Dirk nahm diesen sofort an sich und versuchte zu flüchten. Der Pfleger versuchte noch, ihn zurückzuhalten, das gelang ihm allerdings nicht. Es blieb dem Pfleger nichts anderes übrig, als Alarm auszulösen. Weiteres Pflegepersonal rannte sofort zum Ausgang des Krankenhauses und traf dort auf den flüchtenden Dirk. Insgesamt waren sechs Pfleger notwendig, um den wild um sich schlagenden Dirk zu überwältigen und auf den Boden zu drücken.

Die Polizei wurde durch den Alarm automatisch verständigt. Eine Streife fuhr mit Blaulicht ins Krankenhaus und kam den Pflegekräften zu Hilfe. Sie legten Dirk wieder im Hand- und Fußfesseln an und brachten ihn zuerst in sein Zimmer in der geschlossenen Abteilung zurück. Nach Rücksprache mit dem Arzt der Justizanstalt Feldkirch wurde er – aufgrund seines hohen Fluchtpotentials und den nicht ausreichenden Sicherungsmöglichkeiten im Krankenhaus – zurück in die Justizanstalt Feldkirch überstellt.

Verhalten in der Justizanstalt

Sein Verhalten in der Justizanstalt konnte nicht richtig eingeschätzt werden. Er hatte ruhige Phasen, dazwischen hatte er wieder richtige *„Aussetzer"*. Der Pflichtverteidiger sagte mir später, dass er sich nicht wohlgefühlt habe, wenn er mit Dirk allein im Vernehmungszimmer war. Er bestand immer darauf, dass die Tür offenblieb und Justizwachebeamte in der Nähe blieben.

Offensichtlich regte der Aufenthalt in der Justizanstalt Dirks Fantasie an. Er begann, Beschwerdebriefe gegen zahlreiche Behörden, wie z. B. Polizei, Kripo, Bezirkshauptmannschaft, Staatsanwaltschaft und sogar gegen den Rechtsanwalt des Opfers zu schreiben. Diese handschriftlichen Briefe richtete er an verschiedene Stellen (u. a. an den Landtag und die Landesregierung).

Selbstverständlich wurde jede Beschwerde überprüft. Die Vorwürfe waren aber vollkommen haltlos und entbehrten jeglicher Grundlage.

Die Beschwerden wurden zudem seinem Pflichtverteidiger zur Kenntnis gebracht.

Gerichtsverhandlung

Bei der Gerichtsverhandlung erklärte der 29-jährige Angeklagte, dass er sich nicht mehr erinnern könne. Er wisse nicht, warum er einen Unschuldigen grundlos angegriffen habe. Die Angaben konnten die Geschworenen aber nicht überzeugen. Umso mehr überzeugte das Opfer das Geschworenengericht, da der 44-jährige Mann die Horrornacht im Detail schildern und auch glaubwürdig sagen konnte, dass er mit seinem Leben bereits abgeschlossen hatte. Er sei erst wieder im Krankenhaus aufgewacht.

Psychiatrisches Gutachten

Die Staatsanwaltschaft bestellte Dr. Reinhard Haller als Gutachter. Der Gutachter erklärte bei der Gerichtsverhandlung, dass die Voraussetzungen für die Einweisung in eine Anstalt für geistig abnorme Rechtsbrecher gegeben seien. Der Deutsche habe eine Persönlichkeitsstörung und leide an Verfolgungswahn. Der Angeklagte sei als höchst gefährlich einzustufen.

Urteil

Nach eingehender Beratung schloss sich die Mehrheit der Geschworenen dem Antrag der Staatsanwaltschaft und der Empfehlung von Dr. Reinhard Haller an. Der Angeklagte wurde vom Gericht in eine Anstalt für geistig abnorme Rechtsbrecher eingewiesen.

Täter schießt mit scharfer Waffe dreimal auf Mann

Mann sprach verdächtige Person an, diese eröffnete das Feuer. Opfer blieb unverletzt. Projektile gefunden.

FELDKIRCH. (VN) Ein 40-jähriger Mann erlebte in der Nacht von Donnerstag auf Freitag eine unliebsame Überraschung, als er mit seinem Auto in seine Wohnstraße einbog.

Das Opfer blieb unverletzt, es wurde nicht getroffen und hatte damit Riesenglück.

Tanz im mörderischen Kugelhagel

Vorgeschichte

Täter und Opfer kannten sich nicht, sie hatten sich nie zuvor gesehen. Die Täter gehörten zur türkisch-nationalistischen, rockerähnlichen[1] Gruppierung der *„Osmanen Germania BC"*. Diese Gruppierung, die zur damaligen Zeit in Deutschland groß expandierte, versuchte auch in Vorarlberg Fuß zu fassen. Der Anführer der Täter, Yilmaz, 35 Jahre alt, war Präsident des Vorarlberger Ablegers der Osmanen Germania. Die restlichen Täter (Özcan, 37 Jahre alt, Günal, 32 Jahre alt, Elanur, 22 Jahre alt) waren Mitläufer dieser Gruppierung. Sie hatten ihr Stammlokal in Frastanz. Dort fanden auch gelegentliche Treffen mit den ausländischen Präsidenten statt.

Sämtliche Täter waren im Suchtmittelbereich bekannt. Gegen sie wurde in diesem Zusammenhang auch schon mehrfach ermittelt.

Das erste Opfer (Raubüberfall) arbeitete in einer Bäckerei in Frastanz. Aufgrund eines Bandscheibenvorfalles war er schon seit einigen Wochen im Krankenstand. Gegen den 31-jährigen Mann gab es lediglich Hinweise, dass er mit Suchtmitteln in Verbindung stehen dürfte, ansonsten lagen keine kriminalpolizeilichen Erkenntnisse vor.

---

[1] Als rockerähnliche Gruppierung werden Banden bezeichnet, die – wie die Rockergruppierungen selbst – eine straff geführte Organisation haben, bei denen aber das Motorrad kein Muss ist. Viele Mitglieder der rockerähnlichen Gruppierungen haben nicht mal einen Führerschein für ein Motorrad.

Das zweite Opfer (Mordversuch), ein gebürtiger 40-jähriger Brasilianer, lebte schon lange Zeit in Vorarlberg. Capoeira[2] war ein wesentlicher Bestandteil seines Lebens.

Yilmaz, der die Gruppierung der Osmanen Germania in Vorarlberg aufbauen wollte, hatte sehr gute Kontakte zu seinen Landsleuten im deutschen Raum. Er schaffte es sogar, dass sich die Präsidenten der einzelnen Chapter (Bezeichnung für Klubs bei diesen Gruppierungen) öfters in einem Frastanzer Lokal trafen. Yilmaz´ Ziel war es, ein großes Chapter der Osmanen in Vorarlberg aufzubauen. Eigentlich war er Geschäftsmann und hatte ein eigenes Handygeschäft im Oberland.

Irgendwann im Frühherbst 2016 kam seine Nichte zu ihm und erzählte ihm, dass sie gehört habe, in einem Haus in Feldkirch-Tisis sei eine große Menge Marihuana gebunkert. Sie sprach von einer Größenordnung von etwa 200.000,- Euro, das Suchtmittel gehöre einer anderen Rockergruppierung.

Yilmaz sah seine große Chance gekommen: Marihuana in diesem Wert einer anderen Rockergruppierung wegzunehmen, das würde auf der einen Seite seinen Ruf innerhalb der Osmanen enorm stärken, auf der anderen Seite hätten sie dadurch eine ordentliche Einnahmequelle und könnten einen Teil des Geldes für den Aufbau des Vorarlberger Chapters verwenden.

Sein Entschluss stand fest. Sie werden in dieses Haus einbrechen und sich das Suchtmittel holen. Noch in der gleichen Nacht rief er seine Kumpels an und verabredete sich für den nächsten Vormittag. Die vier Personen fuhren nach Tisis, um sich das Objekt anzuschauen. Durchgeführt werden sollte der Einbruch um Mitternacht desselben Tages.

---

[2] Brasilianische Kampfkunst bzw. ein Kampftanz, dessen Ursprung auf den afrikanischen NiGolo [„Zebratanz"] zurückgeführt wird. Inhaltlich ist Capoeira von drei Ebenen geprägt: dem Kampf, der Musik und der „Roda" (portugiesisch „Kreis") als gesellschaftlichem Rahmen, in dem der Kampf stattfindet. Die Kampftechniken selbst zeichnen sich durch extreme Flexibilität aus; es gibt viele Drehtritte, eingesprungene Tritte und Akrobatik.

Versuchter Raubüberfall

Er war kurz vor Mitternacht, 21. Oktober 2016, zu dritt warteten sie beim Postamt, Özdemir wollte direkt von der Arbeit zum Treffpunkt kommen. Nachdem sie eine halbe Stunde gewartet hatten, beschlossen sie, den Coup zu dritt durchzuführen. Das Auto, einen auffälligen BMW mit Wunschkennzeichen, hatten sie in einer Nebenstraße geparkt.

Mit der Pistole, die Özcan vor einiger Zeit aus seiner Heimat nach Vorarlberg geschmuggelt hatte, und einem Brecheisen, das sie extra noch gekauft hatten, marschierten die drei Männer los. Als sie zum Haus kamen, war alles dunkel. Sie versteckten sich noch einige Zeit in den Sträuchern im Bereich der Terrasse. Sie wollten sicher sein, dass niemand zu Hause war. Dann machten sie sich bereit und zogen Handschuhe und Sturmhauben an. Sie hatten geplant, die Terrassentür aufzubrechen, um ins Haus zu gelangen. Die Ware war angeblich im Keller gebunkert.

Plötzlich sahen sie ein Auto auf den Vorplatz des Hauses fahren. Sie krochen ins Gebüsch zurück und beobachteten die Situation. Ein Mann, sie konnten im Halbdunkel sein Alter nicht schätzen, stieg aus und ging ins Haus. Er war allein.

Die drei Männer hockten im Gebüsch und besprachen flüsternd die neue Situation. Für Yilmaz gab es kein Zurück. In seinen Augen waren sie so gut maskiert, dass der Mann sie nicht erkennen konnte, zudem waren sie mit einer Pistole bewaffnet und zu dritt.

Lautlos schlichen sie auf die Terrasse und schauten gemeinsam durch die großen Fenster ins Haus. In der Küche brannte Licht, das Wohnzimmer war nur leicht durch das Licht aus dem anderen Raum erhellt. Sie konnten erkennen, dass im Wohnzimmer niemand war.

Yilmaz setzte das Brecheisen an der Terrassentür an, aber alle drei Versuche, die Tür zu öffnen, scheiterten. Beim dritten Versuch knallte das Brecheisen auf den Betonboden. Durch den lauten Aufprall wurde der Hausbewohner aufmerksam. Er schaltete die Beleuchtung im Wohnzimmer ein. Sie erschraken, da der Bewohner auch das Licht auf der

Terrasse einschaltete. Jetzt standen alle drei, schwarz gekleidet, maskiert, vor der hell erleuchteten Glasfront und schauten ins Wohnzimmer.

Yilmaz reagierte als Erster. Er zog die Waffe aus seiner Jackentasche und fuchtelte damit vor dem Fenster herum. Er richtete die Waffe direkt auf den Hausbewohner und schrie recht laut, dass er die Tür öffnen solle. Fabian, der Hausbewohner, erschrak wirklich.

Er wusste natürlich, dass eine Rockergruppe früher Gras im Keller gebunkert hatte, aber momentan war im Keller nichts gelagert, er hatte demnach keine Idee, was die Maskierten von ihm wollten.

Einer fuchtelte immer wieder mit einer Pistole und schrie. Es war nur eine Frage der Zeit, bis die Typen eine Scheibe einschlagen würden.

Da Fabian sein Handy nicht bei sich hatte, rannte er über die Stiege in den 1. Stock, drückte auf jeden Lichtschalter, um das Haus zu erleuchten, um so die Täter abzuschrecken. Dann rannte er durch das Schlafzimmer auf den Balkon und schrie so laut er konnte um Hilfe.

Beim Nachbar ging Licht an. Dieser öffnete das Fenster und rief Fabian zu, was denn los sei. Fabian sagte ihm sehr aufgeregt, er konnte kaum sprechen, dass ihn drei Typen überfallen wollten, diese würden immer noch auf der Terrasse stehen. Der Mann schrie Fabian zu, dass er die Polizei rufen werde. Das mussten die Täter gehört haben, denn plötzlich sah Fabian, dass sie wegrannten.

Nach ein paar Minuten war die Polizei vor Ort. Fabian rief den Beamten vom Balkon aus zu, dass die Täter bereits geflüchtet seien, er würde ins Wohnzimmer kommen.

Polizeieinsatz

Über Funk kam die Meldung, dass es einen Raubüberfall in Tisis gegeben habe. Als die erste Streife am Tatort ankam, sprangen beide Polizisten aus dem Fahrzeug und zogen ihre Dienstwaffen, die Glock 17. Mit gezogener Waffe, bei solchen Einsätzen wusste man ja nie, was einen erwarten würde, gingen sie zum Haus. Dabei nutzten sie jede Deckungsmöglichkeit aus. Die eigene Sicherheit muss immer an erster Stelle stehen.

Als sie auf der Terrasse waren, rief ihnen ein Mann vom Balkon zu, dass die Täter bereits geflüchtet seien. Ein junger Mann, nur mit T-Shirt und Boxershorts bekleidet, kam ins Wohnzimmer und öffnete die Terrassentür. Der Polizist hatte schon zuvor gesehen, dass die Täter wie verrückt an dieser Tür hantiert haben mussten, denn die Tür und der Rahmen wiesen grobe Beschädigungen auf.

Eine zweite Streife suchte inzwischen im Garten auf der anderen Seite des Hauses und in der Umgebung nach den Tätern.

Über Funk gaben die Polizisten eine Info an die BLS durch, die umgehend eine Großfahndung nach den drei flüchtigen Räubern auslöste. Alle Streifen im Bezirk Feldkirch hatten sich an der Fahndung zu beteiligen. Die BLS verständigte auch die Einsatzgruppe *„EKO Cobra"*, die ohnehin in Feldkirch stationiert ist. Die Cobra-Streife meldete sich sofort am Funk und teilte der BLS mit, dass sie bereits unterwegs sei.

Die beiden Polizisten waren immer noch in Fabians Wohnzimmer und versuchten, eine kurze Erstbefragung zu machen. Plötzlich knallte es mehrmals laut. Alle Streifen meldeten sich per Funk, aber es hatte niemand geschossen und keine Streife konnte den Abgabeort der Schüsse eingrenzen.

Mordversuch

Yilmaz und seine beiden Kumpane erschraken, als sie das Brüllen eines Mannes hörten. Sie vernahmen zwar zuvor die Hilfeschreie des Hausbewohners, aber nun war offensichtlich noch jemand informiert.

Yilmaz ärgerte sich, dass sein Versuch gescheitert war und hatte Sorgen, dass jemand von dieser Pleite erfuhr und er in seinem Stolz verletzt wurde.

Aus der Ferne hörten sie schon mehrere Sirenen der Polizeiautos. Günal schlug vor sich zu verstecken, eine Flucht mit dem Auto wäre zu riskant. Sie waren auf der Suche nach einem geeigneten Versteck, als plötzlich die Scheinwerfer eines Autos in ihre Richtung leuchteten. In ihrer Angst entdeckt zu werden, suchten sie den Schutz von ein paar Sträuchern. Sehr zum Ärger der anderen, zündete sich Özcan eine Zigarette an, nicht daran denkend, dass ihm der weggeworfene Stummel später zum Verhängnis werden könnte, da sein DNA-Profil bereits in der Datenbank des BMI gespeichert war.

Der Fahrzeuglenker

Leonardo, der Lenker des Fahrzeugs kam gerade vom Training nach Hause. Er wohnte mit seiner Freundin schon seit vielen Jahren in dem Wohnblock in Feldkirch, vor dem er gerade sein Auto abgestellt hatte.

Leonardo kam wegen eines guten Jobangebots vor gut 18 Jahren aus Brasilien nach Vorarlberg. Sein Hobby, die brasilianische Kampfsportart „*Capoeira*", hatte er in Brasilien schon seit frühester Jugend ausgeübt. Diese Mischung aus Tanz und Kampf faszinierte ihn. Seit einigen Jahren gab er selbst Kurse in Vorarlberg.

Bereits beim Abstellen seines Pkws sah er im Scheinwerferlicht eine komplett dunkel gekleidete Person, die ganz offensichtlich wegrannte. Es ging ihm nicht aus dem Kopf, dass der Mann möglicherweise ein Einbrecher sein könnte, der nach einem geeigneten Objekt Ausschau hielt. Leonardo überlegte nicht lange, er würde nicht ruhig schlafen können, wenn der Unbekannte hier herumschlich. Er fühlte sich zudem gegenüber den älteren Nachbarn verantwortlich und beschloss nachzuschauen, was los ist.

Leonardo hatte den Mann Richtung Wohnblock rennen gesehen. In diesem Bereich war die Wiese etwas ansteigend. Der Eingang zum Wohnblock war auch über eine Stiege erreichbar. Er schaltete die

Taschenlampe seines Handys ein und suchte die Wiese Richtung Eingang zum Wohnblock ab. Plötzlich raschelte es hinter dem Haselnussstrauch, Leonardo konnte die Umrisse einer Person erkennen. Er sprach den Mann an. Dieser rannte davon, versteckte sich wieder und ergriff – als er wiederum von Leonardo entdeckt wurde – erneut die Flucht. Dunkel gekleidet, mit der Kapuze über dem Kopf, sprintete er Richtung Straße davon. Leonardo verfolgte ihn, als das vollkommen Unerwartete passierte. Plötzlich standen zwei weitere Männer, ebenfalls komplett dunkel gekleidet, vor ihm. Bevor Leonardo reagieren konnte, hielt ihm einer der Männer eine Pistole entgegen. Und schon knallte es.

Leonardo spürte ein leichtes „*Lüftchen*" neben seinem Kopf. Er hörte ein Zischen. Jetzt erst war ihm klar, der Mann wollte ihn umbringen, er schoss auf ihn. Er hatte zuvor schon mit einem Sprung auf die Seite versucht, sich aus der Schusslinie zu bringen.

Leonardo konzentrierte sich, so wie er es seinen Schülern immer beigebracht hatte. Er machte eine Rolle rückwärts, wieder hörte er ein Zischen. Er konzentrierte sich nur noch auf den Lauf der Pistole und machte einen seitlichen Sprung, der wie eine Rolle ausgesehen haben musste. Die Männer waren ja nur ca. zwei bis drei Meter von ihm entfernt. Er stand direkt unter der Straßenlaterne und war daher für die Täter ein hell erleuchtetes Ziel. Wieder merkte er, dass etwas knapp an seinem Gesicht vorbeiflog. Er konnte es aber nicht näher definieren. Es musste ein Projektil gewesen sein.

Leonardo nutzte den Moment, als der zweite Täter, es war derjenige, der keine Waffe hatte, etwas zum Schützen schrie. Leonardo griff nach seinem Handy, das er zuvor auf den Boden geworfen hatte und rannte Richtung Zentrum. Erst als er zu einer Querstraße kam, wurde er langsamer. Völlig außer Atem, wählte er den Notruf.

Dieselben Polizisten, die zuvor als erste Streife beim versuchten Einbruch zugegen waren, kamen als erste am Tatort an. Der Mann zitterte am ganzen Körper. Es war kühl in dieser Nacht und der Mann saß in kurzen Hosen und T-Shirt auf der Mauer. Die Polizisten nahmen eine Decke aus dem Kofferraum und gaben sie dem Mann. Während sich der Notarzt um Leonardo kümmerte, stellten die Polizisten ein paar Fragen, insbesondere zu seinen Personalien und zum Geschehen.

Flucht der Täter

Die Täter hatten Leonardo nicht verfolgt, sondern die Flucht ergriffen. Bei einem älteren Bauernhof, der zwischen der Wiese und der Straße war, entdeckten sie einen kleinen Bunker, in dem sie sich versteckten. Das Brecheisen hatten sie unterwegs weggeworfen, da es sie beim Laufen gestört hatte. Gut zwei Stunden lang saßen sie in ihrem Versteck. Man hörte schon lange keine Polizeisirenen mehr. Ihnen war kalt, sie mussten aus ihrem Versteck heraus und zum Auto gehen. Auch mit dem Risiko, dass die Polizei sie kontrollieren würde. Aber wie sollte die Polizei einen Zusammenhang zwischen ihnen und den Vorfällen herstellen. Es waren immerhin schon mehr als zwei Stunden vergangen. Sehr vorsichtig schlichen sie durch verschiedene kleine Gassen und erreichten nach ca. 20 Minuten Yilmaz´ Pkw. Sie warfen ihre Parka in den Kofferraum und stiegen ins Auto. Yilmaz lenkte das Auto. Auf Seitenstraßen fuhren sie Richtung Hohenems. Dort setzten sie Günal bei seinem Fahrzeug ab und fuhren weiter nach Lustenau. Yilmaz brachte Özcan nach Hause und fuhr dann auch selbst heim.

Er blieb aber nicht lange zu Hause. Die Neugier trieb ihn wieder nach Feldkirch. Er wollte schauen, ob sich die Situation bereits beruhigt hatte. Seinen BMW wollte er aber nicht mehr verwenden, da er nicht wusste, ob das Auto zuvor eventuell aufgefallen war. Also nahm er das Auto seiner Frau. In Feldkirch waren noch einige Polizeistreifen unterwegs, er wurde aber nicht kontrolliert. Er fuhr auch in die Nähe der Tatorte. Auf dem Heimweg war es schon relativ ruhig, kaum mehr Verkehr auf den Straßen, er sah nur noch ein Polizeifahrzeug.

Fahndung

Die Fahndung nach den Tätern gestaltete sich schwierig. Auch Leonardo konnte keine brauchbare Personsbeschreibung abgeben.

Die Cobra fuhr von Gisingen kommend Richtung Tisis. Dabei fuhren sie am Spital vorbei. Erst später erfuhren die Beamten aus den Vernehmungen, dass sich die Täter in einer Art Bunker in der Nähe des Spitals versteckt hatten.

Die Zentrale hatte den KKD bereits verständigt. Sie entschieden sich, zuerst den Tatort beim versuchten Einbruch zu untersuchen und den Tatort des Mordversuchs vorerst absperren zu lassen, da dort nach Einschüssen im Erdreich und nach Patronenhülsen gesucht werden musste und das bei Tageslicht einfacher sein würde.

Aufgrund der Schilderungen des Opfers und der festgestellten Spuren gab es keinen Zweifel, die Täter mussten wie verrückt versucht haben, die Terrassentür aufzubrechen. Bei der Terrassentür konnten massive Einkerbungen festgestellt werden. Beim Ausmessen dieser Spuren kamen die Spezialisten schnell zur Erkenntnis, dass die Täter ein handelsübliches Brecheisen verwendet haben mussten. Sie konnten zudem blaue Farbabriebspuren feststellen und fotografieren.

Befragung im Krankenhaus

Leonardo kam gerade aus dem Behandlungsraum der Ambulanz, als die Polizisten das Krankenhaus erreichten. Er schien zumindest körperlich unverletzt zu sein. Der Arzt sagte, dass er es kaum glauben könne, aber der Mann habe keine sichtbaren Verletzungen erlitten, er müsse eine Vielzahl an Schutzengeln gehabt haben.

Leonardo sprach in einem Nebenraum mit den Beamten. Dort erzählte er seine Erlebnisse etwas detaillierter. Aufgrund der Schilderung war klar, dass sie es hier mit einem Mordversuch zu tun hatten.

Um seine Aussage zu protokollieren, brachten ihn die Beamten zur Polizeiinspektion. Zuvor fuhren sie nochmals zum Tatort, dort zeigte ihnen das Opfer seine Position und schilderte nochmals die Situation. Es dauerte nicht lange, bis in der Wiese, die sich leicht bergwärts der Straße befand, ein Loch in der Erde gefunden werden konnte. Aufgrund der Größe und der Art des Loches konnten die Beamten sofort feststellen, dass es sich um ein Einschussloch handelte.

In weiterer Folge fanden die Spurensicherer drei Patronenhülsen, Kaliber 9 mm, in dem Bereich, den ihnen Leonardo als Standort des Schützen gezeigt hatte. Die Beamten konnten zusätzlich noch zwei Zigarettenkippen in der Nähe der Patronenhülsen sicherstellen. Ob diese von den Tätern stammten, würden erst die DNA-Untersuchungen ergeben. Auch die sichergestellten Patronenhülsen wurden einer DNA-Untersuchung zugeführt.

Hausbefragungen (Anm.: eigentlich der Bewohner)

Es waren mehrere Beamte unterwegs, um die Bewohner der naheliegenden Häuser (bei beiden Tatorten) auf mögliche Wahrnehmungen zu befragen. Bedauerlicherweise verliefen sämtliche Befragungen, mit Ausnahme des schon in der Nacht befragten Nachbarn, negativ.

Vernehmungen

Eigentlich hätte die Vernehmung des ersten Opfers – Fabian – schon lange fertig sein sollen. Diesem fiel aber plötzlich – noch vor Beginn der Vernehmung – ein, dass er einen unaufschiebbaren Termin im Krankenhaus hatte. Er sicherte aber zu, dass er gleich nach der Behandlung zur Polizeiinspektion zurückkommen werde.

Fabian erschien jedoch bis Mittag nicht bei der Polizei, auf Anrufe reagierte er nicht, sein Handy war ausgeschalten. Da er um 13.00 Uhr immer noch nicht zur Polizei gekommen war, klärten wir telefonisch ab, ob Fabian noch in Behandlung war. Eine freundliche Krankenschwester teilte uns mit, dass die Behandlung des Mannes nicht stattfinden habe können, da er zum vereinbarten Termin gar nicht erschienen war.

Jetzt konnten wir auch noch nach einem Opfer fahnden!

Eine Streife fuhr zu Fabians Unterkunft und staunte nicht schlecht, als dieser auf ihr Läuten die Haustür öffnete. Er gab an, unter Schock gestanden zu haben und ging freiwillig mit zur Polizei.

Fabians Einvernahme war nicht gerade einfach, den Vorwurf, dass in seinem Haus Suchtgift gebunkert wurde, bestritt er energisch. Wenigstens konnte er den Ablauf des misslungenen Raubes einigermaßen schildern.

Leonardos Einvernahme

Leonardo erzählte hingegen die ganze Geschichte schlüssig. Bei seiner Schilderung gab es keine Bedenken. Wir waren überzeugt, dass er die Wahrheit sagte. Er musste wirklich Angst um die alten Leute in seinem Block gehabt haben. Es war für uns absolut glaubwürdig, dass er den Mann einfach vertreiben wollte.

Zum Schluss stellte sich dann natürlich die große Frage, wie es möglich war, dass Leonardo unverletzt blieb, obwohl ein Täter dreimal mit einer 9 mm Pistole aus einer Entfernung von ca. 2 bis 3 Metern auf ihn geschossen hatte.

Leonardo gab an, dass ihm seine Kampfsportart „*Capoeira*" mit Sicherheit das Leben gerettet hatte. Beim ersten Schuss sei er noch erschrocken, auf die weiteren Angriffe des Täters, den er ab dem ersten Schuss nur noch mit seinem Blick fixiert hatte, habe er sich eingestellt und dabei auch die hohe Kunst dieses Tanzes bzw. dieser Sportart angewendet. Er habe ein Mündungsfeuer bei der Pistole gesehen und gewusst, jetzt musste er ausweichen und es habe funktioniert. Beim dritten Schuss sei es genauso gewesen. Ihm sei zwar bewusst, dass er sicher auch etwas

Glück gehabt habe, er sei aber überzeugt, dass ihm das jahrelange Training das Leben gerettet hat.

Er dürfte bemerkt haben, dass wir etwas Zweifel an seinen Ausführungen hatten, darum bot er uns an, zu zeigen, wie er den Schüssen ausgewichen war. Er stellte seinen Stuhl im Vernehmungsraum auf die Seite. Dann schilderte uns Leonardo, wie er die Schüsse wahrgenommen hatte. Er schilderte das wirklich eindrücklich, da er uns auch die entsprechenden Sprünge und Ausweichmanöver gleich mit vorführte. Es schaute tatsächlich wie ein Tanz aus.

Aufklärung

Die Ermittlungsarbeit gestaltete sich von Anfang an recht kompliziert. Während am ersten Tatort (Raub) keinerlei brauchbare Spuren festgestellt werden konnten, konnten beim zweiten Tatort (Mordversuch) zumindest Zigarettenkippen, Patronenhülsen und Projektile gesichert werden.

> Der Zufall sollte bei der Klärung eine Rolle spielen. Die Suchtmittelgruppe des Landeskriminalamts ermittelte seit längerer Zeit gegen mehrere Mitglieder der Osmanen Germania wegen des Handels mit Suchtmitteln. Im Visier der Ermittler stand in erster Linie Yilmaz, der „Chef" des Vorarlberger Ablegers dieser rockerähnlichen Gruppe. Der Ermittlungsstand war schon recht weit fortgeschritten, aber für eine Festnahme fehlte noch der entscheidende Beweis. Die Faktenlage reichte aber zumindest für eine von der Staatsanwaltschaft angeordnete Telefonüberwachung bei Yilmaz aus. Diese Überwachung war bereits seit einiger Zeit aktiv.

Es wurde am Telefon zwar nicht konkret über diese beiden Straftaten gesprochen, es konnten aber mehrere Gespräche mitgehört werden, aus denen zumindest andeutungsweise hervorging, dass Yilmaz und seine Gruppierung mit den beiden schweren Straftaten in Verbindung zu bringen waren.

Also begann die kriminalistische Kleinarbeit. Zuerst erfolgte ein Informationsaustausch mit den Suchtgiftermittlern. Dabei konnten die ersten Zusammenhänge zwischen einzelnen Personen, die zum Teil den Osmanen zugeordnet werden konnten, hergestellt werden.

Positiv war, dass wir durch die angeordnete Telefonüberwachung auch die Standorte von Yilmaz´ Handy in dieser Nacht hatten. Das Mobiltelefon war zum Zeitpunkt der Taten im Nahbereich eingeloggt. Etwas überrascht waren wir, dass das Handy einige Stunden später nochmals in diesem Bereich eingeloggt war.

Es dauerte über einen Monat, bis das Ergebnis der DNA-Auswertung und der Abgleich mit der Datenbank eintrafen. Beide Zigarettenkippen konnten erfolgreich molekularbiologisch untersucht werden, bei einer Kippe gab es einen Treffer auf einen Mann mit den Namen Özcan, wohnhaft in Lustenau. Der Raucher der zweiten Kippe lag in der Datenbank nicht ein und war daher vorerst unbekannt.

Aber wer war dieser Özcan? Für uns Kriminalisten kein Unbekannter: diverse Vormerkungen und – was besonders interessant war – gute Kontakte zu Yilmaz.

Ende Dezember waren endlich ausreichend Indizien gegen die Gruppierung rund um Yilmaz zusammengetragen. Folglich wurde die Staatsanwaltschaft informiert, um gegen sechs Personen Festnahmeanordnungen und Hausdurchsuchungen zu erwirken.

19. Jänner 2017

Insgesamt 60 Beamte aus zahlreichen Abteilungen des LKAs, der EKO Cobra, Hundeführer, der örtlichen Polizeiinspektionen und der Spurensicherung wurden in mehrere Teams eingeteilt, um die Festnahmen, Hausdurchsuchungen, Vernehmungen, Auswertungen, Spurensicherung usw. durchzuführen.

 Die Vorbereitungen liefen seit Tagen auf Hochtouren. Für die Teams wurden Einsatzmappen mit den erforderlichen Informationen und entsprechenden Anlaufstellen der einzelnen Personen vorbereitet. Eine Einsatzzentrale wurde installiert.

Uns war aufgrund der intensiven Ermittlungen bekannt, dass wir es bei unseren Gegenübern nicht mit Frühaufstehern zu tun hatten. Lediglich einer der Täter hatte Frühschicht und würde daher an seiner Arbeitsstelle anzutreffen sein. Bei den restlichen Personen konnten wir davon ausgehen, dass wir sie zuhause antreffen würden.

Das erste Team teilte kurz vor 8.00 Uhr mit, dass sie Özcan an seinem Arbeitsplatz in Dornbirn angetroffen und festgenommen hatten. Es habe keine Probleme gegeben. Sie benachrichtigten uns, dass sie jetzt die Hausdurchsuchung in Lustenau machen werden.

Danach ging es Schlag auf Schlag: Die einzelnen Teams lieferten ihre Erfolgsmeldungen ab. Es dauerte nur knapp zwei Stunden, dann waren alle sechs Personen in Haft. Die Teams fuhren mit dem jeweiligen Häftling zu der zugewiesenen Polizeidienststelle und begannen die Vernehmung. Einige Täter wurden in einzelnen Räumen innerhalb des LKA vernommen, wobei sehr genau darauf geachtet wurde, dass sich die Festgenommenen nicht zufällig sehen konnten.

Die Beamten der Einsatzzentrale protokollierten alle Mitteilungen und Tätigkeiten. Sämtliche Gegenstände, die bei den Haus- und Fahrzeugdurchsuchungen sichergestellt wurden, wurden genauestens aufgelistet. Die technischen Geräte wie Handys, Notebooks u. a., wurden der IT-Gruppe des LKA zur Auswertung übergeben.

Bei der Hausdurchsuchung Özcan konnten zwei Pistolenmagazine, einige 9 mm Patronen und weiteres Waffenzubehör gefunden werden. Bei der Durchsuchung von Yilmaz´ Unterkunft konnte – neben anderen Gegenständen – eine 9 mm Patrone in einer Hosentasche im Badezimmer sichergestellt werden.

Die Vernehmung der drei Haupttäter, denen ein Raubüberfall und ein Mordversuch vorgeworfen wurde, gestaltete sich – eigentlich wie erwartet – schwierig. Dabei konnte klar festgestellt werden, dass sich diese Männer (anfänglich) an die Richtlinien der Rockergruppen hielten: Mit der Polizei redet man nicht. Aufgrund der Vorhalte waren die drei Männer nach Stunden wenigstens so weit gesprächsbereit, dass sie zugaben, sich an den Tatorten aufgehalten zu haben. Während der Raubversuch von den Beschuldigten – nach langer Vernehmung – doch noch zugegeben wurde, wollten sie von den Schüssen auf den Brasilianer überhaupt nichts wissen.

Bei den Vernehmungen konnte eindeutig festgestellt werden, dass sie sich im Vorfeld entsprechend abgesprochen hatten.

Bei den restlichen drei Personen gestalteten sich die Vernehmungen etwas einfacher, die Vorwürfe waren ja nicht so gravierend. Daher waren die drei Personen (ein Mann, zwei Frauen) auch gesprächiger. Die Unterbringung in einer Arrestzelle blieb aber auch diesen drei Personen nicht erspart. So wurden sie nach der Unterbrechung der Vernehmung in die für sie bestimmten Zellen überstellt.

Bei den weiteren Vernehmungen am nächsten Tag war Günal der Erste, der zugab, dass sie einen Einbruch in Feldkirch geplant hatten, er habe auch das Brecheisen dafür gekauft. Er habe nicht gewusst, dass die anderen Täter eine Pistole mitnehmen würden. Von einem Raub sei nie gesprochen worden.

Özcan gab im Laufe des Tages zu, dass er die Pistole, eine Beretta F 92, vor einigen Jahren illegal aus der Türkei nach Österreich geschmuggelt habe. Er habe die Waffe mitgenommen, da Yilmaz das verlangt habe. Die Waffe sei aber ungeladen gewesen. Er habe mit der Waffe nicht geschossen. Die Waffe habe Yilmaz noch vor dem Überfall übernommen.

Özcan gab weiters an, dass Yilmaz die Waffe nach der Tat mit nach Hause mitgenommen habe. Gut eine Woche später habe er ihm die Waffe zurückgegeben, worauf er sie bei der Höchsterbrücke in den Rhein geworfen habe.

Yilmaz war lange nicht bereit, die Schüsse auf den Mann zuzugeben. Er gab zuvor den versuchten Raub und die vorgeworfenen Delikte nach dem Suchtmittelgesetz zu. Er nannte auch seine Cousine als Tippgeberin. Erst am späten Nachmittag sah er ein, dass es keinen Sinn hatte, da die Belastungen inzwischen zu groß geworden waren. Er rechtfertigte sich damit, dass er den Mann nur erschrecken und verjagen wollte. Dazu habe er in die Luft geschossen. Diese Aussage konnte anhand der gesicherten Spuren ganz klar widerlegt werden.

Yilmaz´ Cousine, die ebenfalls am 19. Jänner 2017 festgenommen worden war, war größtenteils geständig. Sie habe den Tipp zum Einbruch gegeben, habe allerdings nichts davon gewusst, dass die Täter den Mann auch überfallen wollten. Die Vorhalte betreffend Suchtmittelgesetz gab sie zum Teil zu. Sie wurde am 20. Jänner 2017 wieder freigelassen.

Die zweite Frau sowie ein weiterer Mann, in dessen Lokal sich die Osmanen, vorwiegend auch mit ihren Landsleuten, die aus Deutschland für die Treffen anreisten, immer wieder trafen, wurden ebenfalls festgenommen. Sie hatten sich „*nur*" wegen Delikten nach dem Suchtmittelgesetz zu verantworten und mit den hier beschriebenen Straftaten nichts zu tun.

Der vermeintliche Aufpasser, der seinen Auftritt verschlafen hatte, blieb bei seinen Angaben. Da ihm keine weiteren Vorhalte gemacht werden konnten, wurde er nicht festgenommen. Er wurde zur Sache vernommen und auf freiem Fuß angezeigt.

Die drei Haupttäter sowie die beiden anderen festgenommenen Personen wurden in die Justizanstalt Feldkirch eingeliefert. Gegen alle fünf Personen wurden die Untersuchungshaft verhängt.

Urteile

Der Prozess gegen die Beschuldigten beim Landesgericht Feldkirch wurde im September 2017 begonnen. Da der wichtigste Zeuge in Brasilien im Urlaub war, musste der Prozess unterbrochen und auf Oktober 2017 verschoben werden.

Der Brasilianer hatte ein sehr sicheres Auftreten bei seiner Zeugenaussage. Die Geschworenen hatten keinen Zweifel an der Glaubwürdigkeit seiner Angaben. Der Staatsanwalt ersuchte Leonardo, dass er dem Geschworenengericht vorführe, wie er um sein Leben gekämpft hatte. Er sollte das – wie er es bereits bei der Einvernahme bei der Kripo gemacht hatte – nochmals zeigen. Leonardo zog – etwas zögerlich – sein Sakko und seine Krawatte aus und führte den Anwesenden seinen *„Überlebenstanz"* vor.

Die glaubwürdigen Angaben und insbesondere seine Vorführung überzeugten die Geschworenen. Das war ein wesentlicher Punkt, damit die Geschworenen den Hauptbeschuldigten Yilmaz wegen Mordversuchs u. a. zu 15 Jahren Haft verurteilten.

Ich kann mich in meiner langen Dienstzeit nicht daran erinnern, dass zuvor ein Täter wegen eines Mordversuchs, bei dem keine Person verletzt worden war, schuldig gesprochen wurde.

Die beiden Mittäter wurden wegen versuchten schweren Raubes zu fünf und dreieinhalb Jahren Haft verurteilt. Die Tippgeberin wurde zu sechs Monaten bedingt und einer Geldstrafe in der Höhe von 5400,- Euro verurteilt.

Die restlichen – in diesem Bericht nur kurz – angeführten Personen wurden separat vor Gericht gestellt.

65-jährige Frau mit Messerstichen getötet

Tatverdächtiger Mann nach Tötungsdelikt von EKO Cobra festgenommen.

Erfolglose Reanimation
Die Feuerwehrleute machten bei den Löscharbeiten eine schreckliche Entdeckung: Im Raum stießen sie auf den leblosen Körper.

KIT vor Ort
Um 19 Uhr traf auch das Kriseninterventionsteam (KIT) vor Ort ein, da sich Verwandte des Opfers hier aufhielten.

Ich möchte einen Mord melden!

Vorgeschichte

Täter und Opfer kannten sich schon lange, ihre Lebensgeschichten wiesen gewisse Parallelen auf, auch wenn der Täter erst 35 Jahre und das Opfer bereits 65 Jahre alt war. Beide hatten Kontakt zu Drogen.

Das Opfer konsumierte nicht nur, sondern verkaufte auch Drogen. Manche bezeichneten sie daher auch als *„Drogen-Oma"*. Immerhin war sie 65 Jahre alt. Der Täter hingegen war reiner Konsument und bezog die verbotene Ware immer wieder von der Seniorin, die ihre Rente damit etwas aufgebessert hat.

Polizeilich waren beide Personen sehr gut bekannt. Im Polizeijargon sagt man dazu *„einschlägig"* bekannt. Zahlreiche strafbare Handlungen begleiteten die beiden Personen durch ihr Leben. Vorwiegend waren es Suchtmitteldelikte und Beschaffungskriminalität.

Der Täter, Pascal, wurde in Rumänien geboren und wuchs nach der Scheidung seiner Eltern bei den Großeltern auf. Im Zuge einer Familienzusammenführung holte ihn seine Mutter, die inzwischen wieder geheiratet hatte, nach Österreich. Da es mit seinem Stiefvater und seiner Mutter immer wieder Probleme gab, zog er als 17-Jähriger aus der Wohnung aus und lebte von Gelegenheitsjobs. Dann folgte der Absturz. Er begann, Suchtmittel zu konsumieren. Es folgte die erste Verhaftung wegen

Drogenbesitzes. Das Gericht ermöglichte dem Ersttäter eine Langzeittherapie, die er dann auch machte. Es dauerte allerdings nicht lange, bis er wieder abstürzte und in der Folge als Obdachloser in Wien lebte.

Seine Mutter bot ihm an, wieder bei ihr zu wohnen, wenn er einen zweiten Entzug mache. Das funktionierte dann auch fast zwei Jahre lang. Aber danach begann der Teufelskreis erneut:

Rückfall – Absturz – Obdachlosigkeit – Therapie.

Bei dieser Therapie lernte er eine junge Frau, die ebenfalls auf Entzug war, kennen und verliebte sich. Im Sommer 2015 zog das Paar in eine Wohnung in Bregenz und die Therapeuten vermittelten ihm eine Arbeitsstelle. Dem Glück stand eigentlich nichts im Wege, aber er konnte ohne die Drogen nicht leben und wurde wieder rückfällig. Und so kam die „*Drogen-Oma*" ins Spiel. Pascal hatte schon früher Cannabis und Kokain bei ihr gekauft.

Schicksalstag

Am 6. Februar 2017 machte sich Pascal, er war schon wieder arbeitslos, bereits nach dem Frühstück auf den Weg, um mit dem Hund spazieren zu gehen. Zudem wollte er sich Nachschub besorgen. Er hatte das Bedürfnis, sich wieder mal einen Schuss oder, wenn es ging, sogar mehrere zu setzen. Was lag da näher, als zu seiner alten Bekannten Herma zu gehen.

Vorher holte er sich in der Apotheke Substitol (Drogenersatzmedikament mit dem Wirkstoff Morphin), bei einem Kumpel kaufte er zehn Tabletten „*Benzos*" (Benzodiazepine - Suchtmittel), ehe er zur „*Drogen-Oma*" fuhr. Sie wohnte in einem Mehrparteienhaus. Er ging in ihre Wohnung im obersten Stock, im Wohnzimmer wurde der Deal dann abgewickelt.

Pascal gab ihr 100 Euro. Dafür bekam er fünf Gramm „*Gras*" (Cannabiskraut) und ein halbes Gramm Kokain. Beide waren zufrieden. Den ersten Schuss (Anm.: Kokain wird normalerweise geschnupft, kann aber auch intravenös konsumiert werden, was dann noch rascher und intensiver wirkt) Kokain setzte er sich noch in der Wohnung, den zweiten in der Bregenzer Innenstadt.

Laut eigenen Angaben habe ihn das Kokain zuerst etwas aggressiv gemacht, in Verbindung mit den „*Benzos*" habe das aber recht schnell auf „*down*" gewechselt. Das war nicht der Effekt, den er an diesem Tag haben wollte. Somit fasste er den Entschluss, noch einmal zu Herma zu fahren, um Nachschub zu holen. Es war ihm klar, dass er einen neuerlichen Kauf nicht bezahlen konnte, aber die Hoffnung war groß, dass Herma ihm die Ware auf Pump geben würde, zumal er ja sozusagen Stammkunde war.

Tathergang

Was nun genau in der Wohnung der „*Drogen-Oma*" passiert ist, lässt sich nur mutmaßlich rekonstruieren, denn die Angaben des Beschuldigten waren mit den Feststellungen der Kripo-Beamten am Tatort und dem Ergebnis der Obduktion nicht in Einklang zu bringen.

Tatsache ist, dass die Dealerin gegen 16.30 Uhr ermordet und der Täter noch am selben Tag verhaftet und eingesperrt wurden.

Pascal fuhr erneut zu Herma und versuchte sie zu überreden, ihm weiteres Suchtmittel auf „*Kredit*" zu überlassen. Herma erklärte ihm, dass es Ware nur gegen Geld gäbe und forderte ihn auf, die Wohnung zu verlassen. Da Pascal wusste, wo Herma einen Teil des Suchtgifts versteckt hatte, wollte er sich eben ohne Erlaubnis daran bedienen. Daraufhin forderte Herma ihn erneut auf, die Wohnung zu verlassen. Dabei kam es zum Streit und Pascal ging auf Herma los. Nach ein paar Faustschlägen lag sie am Boden. Pascal kniete neben ihr und drückte ihr mit beiden Händen die Kehle zu. Herma rang um Luft, sie kämpfte ums Überleben und versuchte, sich mit Händen und Füßen zu wehren. Aber Pascals Griff war fest, sie hatte keine Chance gegen den deutlich jüngeren Mann. Sie verlor das Bewusstsein.

Warum Pascal der bewusstlosen Frau dann in weiterer Folge noch Messerstiche zugefügt hat, konnte er nicht erklären. Er stach aber nicht nur einmal zu, nein, der Körper der Frau war von unzähligen Messerstichen übersät.

Bei der Obduktion wurde festgestellt, dass der Tod durch den kräftigen und länger dauernden Würgevorgang eingetreten war. Die tiefen Messerstiche dürften den Eintritt des Todes noch beschleunigt haben.

Die Frau lag auf dem Boden im Wohnzimmer, ihr Tod musste sehr qualvoll gewesen sein, aber für Pascal noch nicht genug. Er zündete verschiedene Gegenstände im Wohnzimmer an. Ob er das bewusst gemacht hat, um Spuren zu vernichten, konnten wir nicht klären. Er konnte später keinen Grund für die Brandlegung nennen.

Danach verließ er fluchtartig die Wohnung. Zuvor nahm er die Handtasche und die Geldtasche des Opfers an sich. Ob er zusätzlich noch Suchtgift stahl, konnte auch nicht mehr ermittelt werden. Langsam breitete sich das Feuer aus. Rauch gelangte durch eines der geöffneten Fenster ins Freie.

Pascal wurde bei seinem fluchtartigen Verlassen des Hauses von ein paar Bewohnern und Nachbarn gesehen. Er ignorierte diese, es war aber auch gut möglich, dass er sie gar nicht wahrgenommen hat.

Hausbewohner bemerkten den Rauch, ein Mann rannte in den obersten Stock. Da die Türe versperrt war, eilte er in den Keller zurück, nahm dort den Feuerlöscher und schlug mit diesem die Eingangstüre ein. Sein Mitbewohner hatte inzwischen die Feuerwehr verständigt. Christoph, er wohnte direkt unter Herma, versuchte mit dem Feuerlöscher das Feuer zu bekämpfen. Der Rauch hatte sich in der Wohnung schon ausgebreitet. Man konnte fast nichts mehr sehen. Das Atmen fiel schwer, Christoph hatte eine Skimütze angezogen, damit er den Rauch nicht direkt einatmen musste. Er war sehr aufgeregt, daher sah er die am Boden liegende Frau gar nicht. Er war nur damit beschäftigt, die Ausbreitung des Feuers zu verhindern.

Da auch er polizeibekannt war, hatte er später Probleme, seine *„Maskierung"* zu erklären. Anfänglich nahmen die Polizisten sogar an, dass er möglicherweise etwas mit der Tat zu tun hatte.

Es dauerte nicht lange, bis die Feuerwehr mit zahlreichen Einsatzkräften vor Ort war. Mit Atemschutzmasken gelang es ihnen, das Feuer zu löschen. Dabei machten sie die grausige Entdeckung. Auf dem Boden im Wohnzimmer lag eine blutüberströmte ältere Frau. Sofort versuchten sie Erste Hilfe zu leisten und die Frau in das noch weniger verrauchte Stiegenhaus zu bringen.

Die Rettung und die Notärztin waren kurz nach dem Eintreffen der Feuerwehr am Tatort. Die Notärztin versuchte, die im obersten Stockwerk liegende Frau zu reanimieren. Es war aber schon zu spät.

Kurioser Anruf

Der Beamte der LLZ in der Landespolizeidirektion in Bregenz staunte nicht schlecht, als ein ihm unbekannter Mann mit unterdrückter Rufnummer den Notruf anrief und sagte: *„Ich möchte einen Mord melden."* Er sei in einer Wohnung in der Arlbergstraße in Bregenz gewesen, dort seien eine Frau und er überfallen worden. Er sei verletzt und auf dem Weg ins Krankenhaus. Die Frau sei umgebracht worden.

Der LLZ-Beamte versuchte – so gut es ging – mehr zu erfahren. Da das Gespräch, wie alle Notrufe, automatisch aufgezeichnet wurde, konnten wir es später in aller Ruhe nachhören.

Bei der RFL gingen drei weitere Notrufe ein, wobei diese Anrufer immer nur von einem Brand sprachen.

Als ich am Tatort eintraf, waren immer noch Rauchwolken über dem Haus zu sehen. Das hatte zur Folge, dass sich zahlreiche Schaulustige vordrängelten. Zum Glück waren sehr viele Einsatzkräfte vor Ort, so konnte der Bereich um das Haus, in dem sich die Tragödie abgespielt hatte, freigehalten werden. Trotzdem versuchten Schaulustige immer wieder, Fotos oder Videos zu machen.
Da gerade Hauptverkehrszeit war, mussten Polizisten und Feuerwehrleute den Verkehr auf der Arlbergstraße regeln, damit die Einsatzkräfte zufahren konnten. Das Verkehrsaufkommen war aber zu hoch, daher wurden kurzfristig großräumige Umleitungen eingerichtet.

Nach einem kurzen Lokalaugenschein am Tatort nahm die Spurensicherung ihre Arbeit auf.

Die Identität des Opfers war geklärt, da die Frau einem Beamten der PI Bregenz aus früheren Amtshandlungen in Bezug auf Suchtmitteldelikte bestens bekannt war.

Hinsichtlich des geflüchteten Täters gab es anfänglich nur vage Ansatzpunkte. Wir überlegten uns, ob wir eine Alarmfahndung auslösen sollten. Schließlich wurde die Frau äußerst brutal umgebracht. Es gab aber schon bald Hinweise auf den Täter, der vom (selben) Beamten der PI Bregenz ebenfalls identifiziert wurde. Dieser Beamte wusste auch, dass der Mann normalerweise nur zu Fuß in Bregenz unterwegs war, seine Adresse war den Bregenzer Kollegen auch bekannt. Daher blieb es bei einer lokalen Fahndung im Raum Bregenz.

Inzwischen trafen zwei Beamte der Fahndungsgruppe des LKA am Tatort ein. Sie wurden bei den Maßnahmen zur Festnahme des Täters von den Beamten der PI Bregenz und den eben eingetroffenen Cobra-Beamten unterstützt.

Der Staatsanwalt ordnete die Obduktion der Verstorbenen und die Festnahme des Beschuldigten sowie die Hausdurchsuchung in dessen Wohnung in Bregenz an.

Am Tatort wurde es etwas ruhiger, die Feuerwehrleute hatten den Brand gelöscht, Notärztin und Rettungssanitäter wurden zu anderen Einsätzen gerufen. Der Polizeiarzt, der die Totenbeschau durchzuführen hatte, und der Leichenbestatter hatten mit ihrer Arbeit begonnen.

Die Kollegen, die nach dem Täter fahndeten, hatten einen Tipp bekommen. Angeblich hatte jemand den Täter dabei beobachtet, wie er in sein Wohnhaus gegangen war. Das klang vielversprechend. Die Polizisten und die Cobra waren bereits vor dem Haus.

Nach zehn Minuten meldeten sich die Kollegen telefonisch bei mir: Die Freundin des mutmaßlichen Täters hatte die Tür freiwillig geöffnet, der Täter saß auf der Couch im Wohnzimmer und wartete offensichtlich schon auf die Polizei. Er leistete den Anweisungen der Polizisten Folge und ließ sich widerstandslos festnehmen.

Als wir gegen 19.00 Uhr auf unserer Dienststelle in Bregenz eintrafen, hatten meine Kollegen den Täter von den Cobra-Beamten bereits übernommen. Sie waren gerade dabei, die Personalien des Täters aufzunehmen.

Da der Täter, Pascal, tiefe Schnittverletzungen an der linken Hand hatte, wurde er vom Polizeiarzt untersucht. Aufgrund der Schwere der Verletzungen war eine Behandlung im Krankenhaus Bregenz erforderlich, die Überstellung und der Aufenthalt im LKH wurden von Polizeibeamten überwacht.

Im Zuge der ärztlichen Untersuchung durch den Polizeiarzt stimmte der Beschuldigte einer Blut- und Harnabnahme zu. Die später durchgeführte chemisch-toxikologische Untersuchung der Gerichtsmedizin Innsbruck ergab, dass Pascal nicht alkoholisiert war. Allerdings war er durch verschiedene Substanzen (Suchtmittel) beeinträchtigt.

Pascals Vernehmung musste nach kurzer Zeit unterbrochen werden, da der Beschuldigte immer wieder über Schmerzen klagte. Durch den Verband sah man, dass die Wunden wieder bluteten. Daher musste er nochmals ins Krankenhaus gebracht werden. Die Nacht verbrachte Pascal in der Arrestzelle im Landeskriminalamt.

Pascal war grundsätzlich geständig, allerdings war fraglich, ob seine Angaben mit den restlichen Ermittlungen übereinstimmten. Zu einem späteren Zeitpunkt wurde der Beschuldigte vom Sachverständigen Dr. Walter Rabl untersucht. Dabei stellte der Experte fest, dass Pascal mehrere kleinere Abwehrverletzungen hatte. Er erlitt – zum Teil erhebliche – Schnittverletzungen, die in einen Zusammenhang mit dem Tötungsdelikt zu bringen waren. Die Verletzungen hätten ihm theoretisch von einer anderen Person zugefügt worden sein können, genauso gut war es aber auch möglich, dass er sich diese Verletzungen im Zuge eines dynamischen Tatvorgangs selbst zugefügt hatte.

In der Nacht schickte ich noch ein E-Mail mit dem Sachverhalt und der Anordnung zur Obduktion an die Gerichtsmedizin Innsbruck. Bereits um 7.00 Uhr teilte uns die Sekretärin den Termin mit. Dieser war sehr knapp bemessen, da wir für die Fahrt nach Innsbruck doch ca. zwei Stunden benötigten. Der Leichenbestatter wurde ebenfalls gleich in Kenntnis gesetzt.

Am Vormittag wurde die Leiche von Dr. Walter Rabl und seinen Mitarbeitern in Innsbruck obduziert. Aufgrund der massiven Gewaltanwendung gegen den Körper der Frau war es schwierig, die Todesursache festzustellen. Daher dauerte die Obduktion auch wesentlich länger als eine „*normale*" Obduktion. Nach drei Stunden war die Sache dann aber eindeutig. Die Frau wurde zuerst gewürgt und in weiterer Folge dann durch insgesamt 85 Messerstiche, die hauptsächlich über den Oberkörper und den Kopfbereich verteilt waren, malträtiert. Es konnte klar festgestellt werden, dass die Stiche zum Teil gruppiert waren und die Haltung des Messers mehrfach verändert wurde. Der Würgevorgang hatte zu mehreren Verletzungen im Bereich des Halses geführt, die schlussendlich für den Tod der Frau verantwortlich waren. Der hohe Blutverlust durch die Vielzahl der Messerstiche dürfte den Sterbevorgang verkürzt haben.

Zuvor wurde die Frau durch Schläge gegen das Gesicht verletzt. Die Frau hatte sich vehement gegen ihren Angreifer gewehrt, daher konnten auch passive Abwehrverletzungen an beiden Handrücken festgestellt werden.

Da die Frau kein Kohlenmonoxid eingeatmet hatte, konnten wir davon ausgehen, dass Pascal den Brand erst nach dem Todeseintritt der Frau gelegt hatte. Hautschädigungen, die im Zusammenhang mit dem Brand standen, konnten vor allem an den Beinen der Frau festgestellt werden. Das Opfer war zum Zeitpunkt des Todeseintritts durch diverse Drogen etwas beeinträchtigt.

Auf der Rückfahrt informierte ich den Staatsanwalt von den ersten Obduktionsergebnissen, der danach die Leiche zur Beerdigung freigab. Ein Kollege übernahm es, die Angehörigen zu informieren, mit denen er zuvor schon gesprochen hatte. Dabei unterstützten ihn zwei Mitarbeiter des KIT.

KITs bestehen aus speziell ausgebildeten Mitarbeitern, die Personen betreuen, die von tragischen Ereignissen betroffen sind. Die Arbeit machen sie ehrenamtlich und in ihrer Freizeit.

Hausdurchsuchung

Da die Spurensicherung bis spät in die Nacht mit ihrer Arbeit am Tatort beschäftigt war, wurde erst am nächsten Tag Pascals Wohnung durchsucht, die umgehend nach seiner Festnahme versiegelt worden war. Seine Partnerin war damit einverstanden und übernachtete bei ihren Eltern.

Bei der Durchsuchung konnten die Beamten lediglich Hinweise auf regelmäßigen Suchtgiftkonsum finden. Spuren, die mit der Tat in Verbindung gebracht werden konnten, wurden nicht gefunden. Auch vom Messer fehlte noch jede Spur.

Der Staatsanwalt ordnete Pascals Einlieferung in die Justizanstalt Feldkirch an.

Eine neuerliche Vernehmung am Morgen ergab keine wesentlichen Neuigkeiten. Er blieb bei der Version, dass die Frau ihn angegriffen hatte und er nur in Notwehr gehandelt hatte. Später verlangte er nach einem Rechtsanwalt. Selbstverständlich wurde ihm diese Möglichkeit geboten. Der Anwalt erklärte nach einem kurzen Gespräch mit seinem Mandanten, dass Pascal keine weitere Aussage mehr machen werde. Der Anwalt wollte erst sämtliche Unterlagen sichten. Die Möglichkeit einer späteren Aussage nutzte Pascal aber nicht mehr.

Brandermittlung

Da Pascal hinsichtlich der Brandlegung keine Aussagen machte, war es schwer festzustellen, was die Ursache des Brandes war. Die

Brandermittler hatten sich mit den Spurensicherungsbeamten, die bereits mehrere Stunden in der Wohnung verbracht hatten, abgesprochen. Sie hatten viele Fotos gemacht, die für die weiteren Abklärungen hilfreich waren. Die Spurensuche für die Brandermittler gestaltete sich aber schwierig, da die Löscharbeiten viele potentielle Hinweise vernichtet hatten. Die Brandermittler schickten die Proben, die sie in der Wohnung genommen hatten, zur Zentralstelle beim BKA (Bundeskriminalamt). Letztendlich konnten aber auch die Spezialisten keine eindeutigen Beweise finden.

Ein interessantes Indiz konnte dann aber doch noch gefunden werden: Am Tatort und in der Wohnung des Beschuldigten konnten Spraydosen der Marke „*Wild Fire*" gefunden werden. Diese Dosen enthalten Gas, das zum Nachfüllen von Feuerzeugen verwendet wird.

Die Handtasche mit der Geldbörse des Opfers wurde ein paar Tage nach der Tat von Straßenarbeitern in einem Mülleimer gefunden. Der Personalausweis war in der Handtasche, Geld war natürlich keines mehr vorhanden. Der Fundort lag auf Pascals Fluchtweg.

Urteil

Das Geschworenengericht des LG Feldkirch verurteilte Pascal wegen Mordes zu einer 18-jährigen Freiheitsstrafe. Vom Delikt der Brandstiftung wurde er freigesprochen.

Die Strafhöhe war dem Staatsanwalt zu gering, daher legte er ein Rechtsmittel gegen das Urteil ein.

Das Oberlandesgericht Innsbruck leistete der Berufung Folge und erhöhte die Haftstrafe auf insgesamt 22 Jahre und 9 Monate.

NORBERT SCHWENDINGER PERSÖNLICH

Wie oft sind bei Einsätzen Drogen im Spiel?

Drogen spielen immer wieder eine Rolle. Im kleineren Rahmen als sogenannte Beschaffungskriminalität, aber auch durch den Handel oder Schmuggel von größeren Mengen an Drogen. Ein neueres Problem stellt sicher das Darknet dar, in dem zwischenzeitlich sehr viele Drogen bestellt bzw. gekauft werden können. Ermittlungen im Darknet gestalten sich schwierig. Aber auf die Details möchte ich hier nicht eingehen, da ich dem Gegenüber ja keine Tipps geben möchte.

Versuchter Mord an Ehegattin in Wolfurt

37-Jähriger verkraftete offenbar die bevorstehende Scheidung nicht und stach zu.

Vor ihren Augen, es war auf dem Vorplatz eines Hauses, stürzte ein Mann auf eine Frau zu und packte sie mit einem Arm im Halsbereich.

Als die Zeugin daraufhin lautstark zu schreien begann, ließ der Angreifer von seinem Opfer ab und flüchtete.

Kein Geständnis
Der Mann wurde
fe des gestrigen T

Im Dunkel der Nacht

Vorgeschichte

Das Paar, Tula und Akin, war seit über 15 Jahren verheiratet und hatte zwei schulpflichtige Kinder. Beide arbeiteten in guten Berufen und hatten ein solides Einkommen, auch das Familienleben schien harmonisch. Doch alles änderte sich plötzlich, als Tulas Vater starb.

Ab diesem Zeitpunkt war nichts mehr so wie früher. Akin veränderte sich von heute auf morgen, plötzlich führte er sich als Pascha auf. Seine Frau hatte zu gehorchen und seine Kinder sowieso.

Nach einigen Wochen hielt die damals 37-jährige Tula dieses Machogehabe ihres ebenfalls 37-jährigen Mannes nicht mehr aus. Sie stellte ihm ein Ultimatum: Entweder er ändere sich oder sie lasse sich scheiden. Das war zu viel für den herrschsüchtigen Mann, er warf sie kurzerhand aus der gemeinsamen Wohnung in Lochau.

Daraufhin packte Tula ihre Sachen, nahm ihre beiden Kinder und zog im Juni 2017 zu ihrer Mutter nach Wolfurt. Dort hatten sie zwar nicht viel Platz, aber sie rückten etwas zusammen. Bereits in der nächsten Woche reichte sie den Scheidungsantrag beim Bezirksgericht Bregenz ein, womit Tulas Noch-Ehemann natürlich gar nicht einverstanden war.

In den folgenden Wochen kam es immer wieder zu Auseinandersetzungen. Tula versuchte Akin von einer einvernehmlichen Scheidung – vor allem im Sinne der Kinder – zu überzeugen, leider zwecklos.

Drohungen

Anfang Juli lauerte Akin Tula vor dem Haus ihrer Mutter auf. Sein Bruder, der sich ebenfalls vor dem Wohnhaus aufhielt, versuchte Akin zu beeinflussen, damit er Tula endlich in Ruhe lässt. Nach dem kurzen Gespräch mit seinem Bruder „*explodierte*" Akin. Plötzlich begann er wie verrückt herumzuschreien. Er drohte Tula zusammenzuschlagen und deren Nase und Mund zu verunstalten.

Erst durch mehrfaches Zureden seines Bruders beruhigte sich Akin langsam.

In weiterer Folge brach zwischen den beiden Noch-Eheleuten ein richtiger Rosenkrieg aus. Gegenseitig schwärzten sie sich bei den Behörden und bei der Polizei an. Immer wieder waren Drohungen im Spiel, angeblich beiderseits. Alle Vorfälle, die einen strafrechtlichen Hintergrund hatten, wurden der Staatsanwaltschaft angezeigt.

Geisterfahrt

Am 19. Juli 2017, gegen 2.00 Uhr wurde Tula von einem Arbeitskollegen nach Hause gebracht. Sie war froh, dass er sie nach Hause fuhr, da ihr Auto in der Werkstätte war. Im Dunkeln den Weg allein zu gehen, davor hatte sie schon etwas Angst.

Auf der Senderstraße in Wolfurt waren zu diesem Zeitpunkt keine Autos unterwegs. Sie waren das einzige Fahrzeug, das in Richtung Wolfurt fuhr. Natürlich war es auch keine Besonderheit, dass ein Fahrzeug entgegenkam, aber plötzlich passierte das vollkommen Unerwartete. Das entgegenkommende Auto war nur wenige Meter von ihnen entfernt, als der Lenker auf die Gegenfahrbahn fuhr und seinen Pkw direkt auf ihren lenkte. Er hatte das Fernlicht eingeschalten, sodass man den Lenker nicht erkennen konnte. Tulas Arbeitskollege riss das Fahrzeug nach rechts, um einen Unfall zu verhindern. Dadurch verlor er kurzfristig die

Herrschaft über sein Fahrzeug und knallte gegen die Gehsteigkante. Das Auto blieb auf der Wiese rechts neben der Straße stehen. Der Lenker des anderen Fahrzeuges zog im letzten Moment, bevor es zu einer Kollision kam, seinen Mercedes wieder auf die rechte Fahrspur. Nach ein paar hundert Metern blieb er stehen.

Tula bat ihren Arbeitskollegen, sie sofort nach Hause zu bringen, da sie Angst habe, dass der Fahrer ihr Mann sei und er ihr etwas antun könnte. Das Auto war zum Glück nicht schwer beschädigt und so fuhren Tula und ihr Arbeitskollege in Richtung ihres Wohnhauses. Der Fahrer bemerkte im Rückspiegel, dass der andere Lenker sein Fahrzeug gewendet hatte und nun ebenso in ihre Richtung fuhr. Also beschleunigte er sein Fahrzeug, damit der vorerst noch unbekannte Mann nicht so schnell bei ihnen war. Zum Glück waren es nur gut 500 m bis zur Unterkunft. Dort angekommen, sprang Tula sofort aus dem Auto und rannte zum Haus und verschwand gleich hinter der Eingangstür.

Unmittelbar danach blieb der Mercedes auf der Straße beim Haus stehen. Jetzt erkannte Tulas Arbeitskollege den Lenker, es war Akin. Er stieg aus dem Auto aus und beschimpfte den Arbeitskollegen auf das Übelste. Tula beobachtete die Situation und meldete den Vorfall der Polizei. Als die Streife beim Wohnhaus eintraf, schilderte Tula ganz aufgebracht, was sich ereignet hatte. Bestätigt wurde Tulas Aussage von ihrem Arbeitskollegen. Akin, den der Sachbearbeiter der PI Wolfurt aufgrund diverser Anzeigeerstattungen schon kannte, war spurlos verschwunden. Die nach ihm eingeleitete Fahndung verlief in dieser Nacht negativ.

Da Tula bereits einen Heimaturlaub gebucht hatte und am nächsten Tag gemeinsam mit ihren Kindern in die Türkei flog, konnte sie erst nach der Rückkehr zur Sache schriftlich vernommen werden. Akin nutzte diese Abwesenheit und meldete sich bei der Polizei in Wolfurt. Er schilderte den Sachverhalt natürlich ganz anders: Er habe einem Tier ausweichen müssen, darum sei er etwas weiter auf die Gegenfahrbahn gekommen. Das andere Auto sei ja noch weit entfernt gewesen. Die Drohungen und den Streit stritt er gänzlich ab.

Attentat

Am 25. August 2017 hatte Tula, wie jeden Abend, bis knapp nach 1.00 Uhr beim Güterbahnhof in Wolfurt gearbeitet. Sie war dort als Reinigungskraft angestellt, die Arbeit gefiel ihr und sie konnte jeweils am Abend arbeiten. Während dieser Zeit betreute ihre Mutter die Kinder, die dann meistens schon schliefen. Das Einkommen reichte zwar nur knapp, aber sie kam über die Runden. Ihr Noch-Ehemann weigerte sich energisch, Unterhalt zu bezahlen, auch nicht für seine Kinder.

Nach Dienstschluss fuhr Tula mit ihrem kleinen Pkw zur Wohnung ihrer Mutter. Das Fahrzeug parkte sie wie immer auf dem Parkplatz vor dem Haus. Danach ging sie zur Haustür. Der Vorgarten war nur mäßig beleuchtet, aber sie kannte ja den Weg.

Akin wartete offensichtlich schon länger auf Tulas Heimkehr. Er hatte sich im Gebüsch auf der anderen Straßenseite gut versteckt. Tula bemerkte ihn nicht. Er folgte ihr in den Vorgarten. Kurz bevor Tula die Haustür erreicht hatte, hörte sie etwas hinter sich und drehte sich um. Sie erschrak: Ihr Noch-Ehemann stand im Dunkeln ganz in ihrer Nähe. Er blickte grimmig. Seine Hände hatte er in den Hosentaschen. Sie versuchte, so schnell es ging, über die Stiege zur Eingangstür zu kommen. Aber sie war nicht schnell genug. Kurz vor der Stiege holte Akin sie ein und umklammerte sie mit seinem linken Arm. Er stand direkt hinter ihr. Sie versuchte sich aus der Umklammerung zu lösen, aber seine Umarmung war eisern. Mit der rechten Faust schlug er mehrfach auf sie ein, aber die vermeintlichen Faustschläge waren Messerstiche. Während er zustach, umklammerte er mit der linken Hand ihren Hals. Sie bekam kaum noch Luft.

Glücklicherweise hatte eine Hausbewohnerin, gerade als der Angriff auf Tula begann, ein Fenster zum Vorgarten geöffnet. Sie konnte nicht schlafen und wollte noch eine Zigarette rauchen. Selma sah, dass Tula von ihrem Noch-Ehemann attackiert wurde und rief die Polizei. Da Selma lautstark um Hilfe schrie, ließ Akin von der bereits schwer verletzten Frau ab und flüchtete durch den Garten.

Tula brach blutüberströmt zusammen, Selma und ihr Mann leisteten bis zum Eintreffen des Notarztes und der Rettung Erste Hilfe. Der Notarzt kümmerte sich um die schwerverletzte Frau, die umgehend ins Landeskrankenhaus nach Bregenz gebracht wurde, wo sie notoperiert wurde.

Selma schilderte den Beamten genau, was sie gesehen hatte. Die Polizisten veranlassten sofort eine Fahndung nach dem Mercedes des Beschuldigten. Der Staatsanwalt hatte zudem umgehend Akins Festnahme sowie eine Hausdurchsuchung angeordnet.

Inzwischen wurde auch der Journaldienst des LKA vom Sachverhalt in Kenntnis gesetzt. Ich hatte selbst Nachtdienst und fuhr mit einem Kollegen zum Tatort nach Wolfurt.

Cobra-Einsatz

Gerade als die Cobra-Beamten mit Beamten der Sektorstreife Lochau versuchten, in den Wohnblock zu gelangen, fuhr ein Auto zum Eingang der Tiefgarage und somit war den Beamten ein Eintreten in die Garage einfach möglich. In der Garage war der gesuchte Mercedes geparkt. Die Motorhaube war noch warm.

Mit einer Ramme schlugen die Spezialisten die Eingangstüre zu Akins Wohnung ein. Dabei entstand ein geringer Sachschaden. In solchen Fällen wird der Schaden dem Besitzer von der Polizei ersetzt. Das ist gesetzlich vorgegeben.

Die drei Cobra-Beamten begaben sich – auf die Eigensicherung achtend – in die Wohnung. Jeder Raum wurde durchsucht. Sie kamen ins Wohnzimmer. Akin saß auf der Couch: Vor sich ein Glas Rotwein, daneben stand eine halbvolle Weinflasche.

Er ignorierte die Anweisungen der Beamten. Sie zogen ihn von der Couch weg und drückten ihn auf den Wohnzimmerboden. Dann brachten sie seine Arme auf den Rücken und legten ihm Handschellen an.

Bevor sie ihn zum Blaulichtfahrzeug brachten, es wurde bereits im Vorfeld ein VW Bus der PI Bregenz angefordert, durchsuchten sie ihn. Sie konnten in seiner Kleidung keine Waffen sicherstellen. Die Cobra brachte den Festgenommenen ins LKA.

Verhalten des Beschuldigten

Mit einem weiteren Beamten begann ich mit der Erstvernehmung des Beschuldigten. Nachdem wir ihn belehrt hatten, verhielt er sich recht ungehalten. Er „*sudelte*" auf dem Vernehmungsprotokoll herum, nachdem er uns bereits im Vorfeld gesagt hatte, dass er nicht mit uns reden werde. Er verlangte nach seinem Anwalt. Diesen konnten wir in der Nacht allerdings nicht erreichen. So blieb uns nichts übrig, als Akin in einer Zelle bei unserer Dienststelle zu verwahren. Auch am nächsten Tag, nach Zureden seines Anwalts, verweigerte Akin jegliche Aussage die Tat betreffend. Am gleichen Tag, gegen 19.00 Uhr, wurde Akin in die Justizanstalt Feldkirch eingeliefert.

Auch zu einem späteren Zeitpunkt weigerte er sich, etwas zur Tat zu sagen.

Zeugenvernehmung

Die Zeugen wurden zum Teil noch in der Nacht zur Sache befragt. Insbesondere Selmas Angaben waren für den Sachverhalt sehr wichtig.

Tatortabsuche

Bereits in der Nacht suchten zwei Polizeidiensthundeführer mit ihren treuen Gefährten das Gebiet um den Tatort ab. Das Ziel, die Tatwaffe und allenfalls weitere Spuren zu finden, konnte aber nicht erreicht werden.

Am Nachmittag wurde eine zweite Suchaktion, wiederum mit Diensthunden und einer größeren Anzahl an Polizeibeamten, organisiert. Dabei wurde auch das Suchgebiet vergrößert. Der Aufwand sollte belohnt werden. Nachdem sämtliche Gärten und Abfalleimer durchsucht worden waren, konnten ein paar Arbeitshandschuhe in einer Wiese in der Nähe des Feuerwehrhauses gefunden werden. Gleichartige Arbeitshandschuhe konnten zuvor schon im Fahrzeug des Beschuldigten entdeckt werden.

Da etwas Blut an einem der Handschuhe war, wurde dieser Fund zum Beweismittel. Bei der später durchgeführten DNA-Untersuchung konnten interessante Feststellungen gemacht werden. Es konnte nicht nur die DNA des Täters, sondern auch die des Opfers nachgewiesen werden.

Somit war das ein recht guter Beweis dafür, dass die Arbeitshandschuhe bei der Tat vom Täter getragen wurden.

Zustand des Opfers

Inzwischen klärten Beamte im LKH Bregenz ab, wie es dem Opfer geht. Tula wurde nach der Einlieferung notoperiert. Laut Aussage des Arztes ging es ihr den Umständen entsprechend gut, sie war aber nicht vernehmungsfähig. Da sich ihr Zustand im Laufe des Tages verbesserte, konnte sie am Nachmittag zum Tathergang befragt werden. Sie schilderte ihre Probleme mit ihrem Noch-Ehemann und wie es zur Tat gekommen war. Sie sorgte sich weniger um sich selbst, als um ihre beiden Kinder. Sie war sichtlich erleichtert, als ihr mitgeteilt wurde, dass Akin bereits verhaftet worden war.

Eine interessante Feststellung machten die Ärzte während der Operation. Im Körper des Opfers konnte die Spitze des Tatmessers in der Größe von ca. zwei cm festgestellt werden. Dieser Gegenstand wurde operativ entfernt und als Beweis der Polizei übergeben. Die Tatsache, dass die

Klinge des Messers im Körper des Opfers abgebrochen war, zeigte ganz klar, mit welcher Wucht und Kraft der Täter zugestochen hatte.

Auch in diesem Fall beauftragte die Staatsanwaltschaft Feldkirch Dr. Walter Rabl von der Gerichtsmedizin Innsbruck mit der medizinischen Begutachtung des Opfers. Im Gutachten und später bei der Gerichtsverhandlung führte der Sachverständige aus, dass die Art, wie der Täter dem Opfer teils tiefe Stichverletzungen im Bereich des Oberkörpers zugefügt hatte, mit konkreter Lebensgefahr verbunden war. Die Schilderung der Tat, wie sie vom Opfer ausgesagt worden war, stimmte mit den festgestellten Verletzungen sehr gut überein.

Urteil

Akin wurde Monate später vom Landesgericht Feldkirch wegen versuchten Mordes zu 16 Jahren Haft verurteilt.

NORBERT SCHWENDINGER PERSÖNLICH

Welchen Stellenwert haben Hunde bei Polizeieinsätzen?

Diensthunde sind für Polizisten nicht nur treue Begleiter, sie sind in vielen Bereichen nicht mehr wegzudenken. So auch in diesem Fall. Bereits in der Nacht suchte ein Polizeihundeführer mit seinem Hund die nähere Gegend um den Tatort ab. Bei der großen Suchaktion am Nachmittag waren dann zwei Hunde im Einsatz. Mit Erfolg.

„Motiv ist in psychischer Erkrankung zu suchen"

BREGENZ Für Furcht und Unruhe sorgte am Montag ein obdachloser, psychisch kranker Mann in Lauterach und Bregenz.

Mit einer Luftdruckpistole gab er Schüsse auf mehrere Personen ab und verletzte sie dabei erheblich.

„Man sieht hier wieder einmal, wie wichtig die **Mithilfe der Bevölkerung** ist."

Der Mann war amtsbekannt, schon öfters mit dem Gesetz in Konflikt geraten und ist auch mehrfach aufgrund seiner psychischen Erkrankung behandelt worden.

Ausnahmezustand im Unterland

Helen, eine 69-jährige Frau, stieg, wie so oft, am 18.9.2017 bei der Alma in Hard in den Linienbus und fuhr Richtung Lauterach. Sie wollte ihre Tochter besuchen, sie war schon einige Wochen nicht mehr dort gewesen. Sie war der einzige Fahrgast.

Der Bus wurde von der 42-jährigen Talia, die schon länger als Busfahrerin beschäftigt war, gelenkt.

Lange geht es nicht mehr, wir sind eh schon beim Bahnhof in Lauterach, dachte sich Helen. Ihr war der Mann mit Vollbart gar nicht aufgefallen, er musste irgendwo zugestiegen sein. Klar, sie saß ganz vorne im Bus und schaute nicht zurück.

Sie bemerkte ihn erst, als sie aufstehen wollte und der Unbekannte knapp hinter ihr stand. Sie hatte plötzlich so ein ungutes Gefühl. Was für ein verwahrloster Typ das doch war.

Sie stand auf, da sie bei der nächsten Haltestelle den Bus verlassen wollte. Plötzlich spürte sie einen stechenden Schmerz am Hinterkopf. Was war passiert? Und jetzt nochmals. Sie blickte zurück und sah, dass der Mann eine Waffe in seiner Hand hielt und auf sie zielte. Und schon wieder schoss er, sie spürte erneut den Schmerz in ihrem Kopf. Sie sah, dass der Mann die Waffe immer noch mit ausgestrecktem Arm in ihre Richtung hielt und damit hantierte. Dreimal war sie getroffen worden.

Der Frau war klar, dass sie aus dem Bus raus musste, sie hatte panische Angst vor dem unheimlichen Mann. Die Waffe hatte er immer noch auf sie gerichtet.

Plötzlich hielt der Bus in der Nähe des Bahnhofs Lauterach. Die Busfahrerin hatte den Vorfall im Rückspiegel mitbekommen. Helen stand ja ganz knapp hinter der Lenkerin. Sie bremste daraufhin das große Fahrzeug ab und öffnete sofort die Bustüren. Die Rentnerin nutzte geistesgegenwärtig die Chance, rannte durch die vordere Türe ins Freie und versteckte sich – einige Meter vom Bus entfernt – hinter den geparkten Autos.

Markus, so hieß der 29-jährige Mann, ging direkt auf die Busfahrerin zu, die geduckt auf dem Fahrersitz saß und sich die Hände schützend über den Kopf hielt. Der Bärtige hob die Waffe und drückte ab, einmal, zweimal, sogar dreimal. Aber wie durch ein Wunder löste sich kein Schuss mehr. Die Pistole hatte er immer gegen den Kopf der Frau gehalten. Viermal drückte er insgesamt ab. Warum sich aus der CO_2-Waffe[1] kein Schuss mehr löste, konnte auch später bei der kriminaltechnischen Untersuchung nicht geklärt werden.

Man kann einfach von Glück reden, dass es so war. Die Lenkerin stand auf und versuchte vom Fahrersitz wegzukommen. Markus blockierte den Weg, die Pistole noch immer in der Hand. Sie gab ihm, so fest sie konnte, mit dem Ellbogen einen Stoß gegen die linke Hüfte. Er machte zwei Schritte zurück, sie nutzte die Gelegenheit und flüchtete auch aus dem Bus. Erst später bemerkte sie den Schmerz, sie musste sich durch den kräftigen Schlag am Arm verletzt haben.

Jetzt kam auch der Bärtige aus dem Bus. Beide Frauen hatten sich, so gut es ging, versteckt. Doch nun entdeckte Markus eine junge Frau, die an der Bushaltestelle auf einen anderen Bus wartete. Sie spielte mit ihrem Handy und hörte mit den Kopfhörern Musik. Trotzdem hatte sie den Vorfall mitbekommen.

Jetzt erst wurde ihr bewusst, dass hier etwas Schlimmes im Gange war. Plötzlich sah sie den dunkel gekleideten, verwahrlosten Typ mit Vollbart

---

[1] Bei Druckluftpistolen und CO_2 Waffen werden die Geschosse nicht durch Verbrennen eines Treibmittels, sondern durch komprimierte Luft bzw durch den unter Verwendung von Kohlensäurepatronen entstanden Gasdruck angetrieben. Sofern das Kaliber unter 6 mm liegt, handelt es sich um minderwirksame Waffen, auf die nur bestimmte Regelungen des Waffengesetzes Anwendung finden (z.B. Mindestalter, Besitz, Waffenverbot, etc.)

auf sie zukommen. Zwei Meter noch, dann war er bei ihr. Was sollte sie jetzt machen, aufstehen, wegrennen? Sie war wie gelähmt, sie blieb einfach sitzen. Der Mann streckte die Pistole aus, genau in ihre Richtung. Es klickte zweimal, aber sie spürte nichts. Sie nahm wahr, dass er mehrfach abdrückte und die Waffe immer in ihre Richtung hielt. Die dunkle große Pistole war ja nur etwa einen halben Meter von ihrem Gesicht entfernt.

Sie hatte panische Angst, aber sie spürte keinen Schmerz. Der Mann senkte seine Waffe und steckte sie in seine verschmutzte Jacke. Danach rannte er in Richtung Bahnhof. Die junge Frau konnte das Ganze noch gar nicht richtig realisieren. Hinter den geparkten Autos kamen Helen und die Busfahrerin hervor, beide waren starr vor Entsetzen.

Verletzungen

Helen wurde von einem Notarzt erstversorgt und dann ins Krankenhaus Bregenz überstellt. Dort wurde sie sofort operiert, da sie schwere Verletzungen erlitten hatte.

Talia erlitt durch den Vorfall leichte Verletzungen und musste ärztliche Hilfe in Anspruch nehmen. Psychisch hatte sie größere Probleme, den Angriff zu verarbeiten. Dafür musste sie längere Zeit von einer Psychologin betreut werden. Ein paar Wochen nach dem Vorfall saß sie jedoch wieder am Steuer eines Linienbusses.

Die junge Frau an der Bushaltestelle erlitt lediglich einen Schock. Sie verkraftete das aber recht gut und benötigte keine ärztliche Hilfe.

Anzeige

Beim Notruf in der Landesleitstelle in Bregenz gingen zahlreiche Anrufe ein. Auch bei der örtlichen Polizeiinspektion läutete ununterbrochen das Telefon. Die Anrufer sprachen von Amoklauf, Terror, einem Verrückten mit Waffe.

Eines war sofort klar: Es musste etwas Schlimmes passiert sein!

Die LLZ in Bregenz löste sofort eine Alarmfahndung aus und schickte mehrere Streifenwagen nach Lauterach. Auch der Journaldienst des Landeskriminalamts wurde verständigt. Dieser wiederum informierte die zuständigen Gruppen. Ich befand mich zu dem Zeitpunkt gerade im Raum Dornbirn.

Ein junger Kollege rief mich an und fragte, ob ich die Alarmauslösung am Funk mitbekommen habe. Wir vereinbarten, dass wir uns am Tatort treffen.

Die Alarmfahndung war bereits im Gang, als ich mit meinem Dienstfahrzeug, auf das Dach hatte ich das Blaulicht gestellt, zum Einsatzort fuhr. Zahlreiche Kontrollpunkte waren besetzt. Im Funk hörte ich auch, welche Streifen sich zur Alarmfahndung abmeldeten.

Alarmfahndung bedeutet für alle Polizeibeamten, dass sie sich an der Fahndung zu beteiligten haben, sofern sie nicht gerade mit unaufschiebbaren Tätigkeiten beschäftigt sind. Allgemein verständlich wäre der Begriff Großfahndung, aber im Polizeijargon gibt es viele Begriffe, die sonst nicht verwendet werden.

Der Bahnhof Lauterach war ein neuralgischer Punkt, der gleich besetzt bzw. kontrolliert werden musste. Eine Streife des LKA übernahm dies. Kurz nach ihrem Eintreffen wurde sie von einer zweiten Streife unterstützt. Viel war auf dem kleinen Bahnhof nicht los. Es konnte keine verdächtige Person angetroffen werden. Das war ja soweit nicht verwunderlich, da doch schon ca. 15 Minuten seit dem Vorfall vergangen waren.

Mitarbeiter des Assistenzbereichs „OSE" kümmerten sich selbstständig um die Videoaufnahmen an den Bahnhöfen und in den Zügen. Die Gruppen sind gut aufeinander abgestimmt. Es wusste jeder Kriminalbeamte, was zu tun war.

Der Polizeihubschrauber Libelle startete in Hohenems und flog direkt nach Lauterach, um sich an der Fahndung zu beteiligen. Der Pilot meldete sich per Funk und teilte mit, dass er einen ortskundigen Beamten benötige. Der Hubschrauber landete auf einer großen Wiese im Ortsgebiet von Lauterach und nahm dort einen Beamten der PI Lauterach auf. Danach setzte die Libelle ihre Fahndungstätigkeit in der Luft fort.

Es dauerte nicht lange, bis sich die Medien bei der Pressestelle der Landespolizeidirektion meldeten. Das war wenig verwunderlich, in Lauterach herrschte eine panikartige Aufregung. Ein Pressesprecher der LPD setzte sich mit mir in Verbindung. Aufgrund des Sachverhalts entschied ich mich, dass dieser Vorfall vom LKA bzw. von der Gruppe Leib/Leben bearbeitet wird. Neben der Sachbearbeitung übernahm ich auch die Funktion des Einsatzleiters vor Ort.

Mit dem Pressesprecher vereinbare ich, dass wir aktiv in die Medien gehen und gezielt nach dem unbekannten Mann fahnden. Uns war klar, dass wir es mit einem äußerst gefährlichen Täter zu tun hatten, der zudem bewaffnet war. Hier galt es, die Bevölkerung zu warnen. Wir wollten verhindern, dass noch mehr passiert.

Zu diesem Zeitpunkt hielten wir uns auf der Polizeiinspektion Lauterach auf. Alle Beamten waren beschäftigt, es waren zahlreiche Einvernahmen im Gange, das Telefon läutete ununterbrochen. Da blieb dem Pressesprecher und mir eigentlich nichts anderes übrig, als auch noch Telefonate entgegenzunehmen.

Bei den Anrufern handelte es sich vielfach um besorgte Eltern oder um Lehrer/Kindergärtnerinnen, die nicht wussten, ob sie die Kinder nach Hause schicken durften. Es war sehr wichtig, diese Anrufer zu beruhigen. Es herrschte überall Panik.

Es gingen Anrufe ein, dass man den Täter beim Altersheim in Lauterach gesehen hatte. Die Cobra, die sich natürlich auch schon in Lauterach befand und sich an der Fahndung beteiligte, übernahm diese Überprüfung. Der Hinweis stellte sich jedoch als Irrtum heraus. Noch drei weitere Anrufer meinten, dass sie ihn gesehen hätten, die Beschreibung sei im Radio zu hören gewesen. Das konnte gut sein, da wir diese inzwischen an die Medien weitergegeben hatten. Aber auch das stellte sich als Fehlinformation heraus. Trotzdem, jeder Hinweis wurde überprüft.

Es ist wichtig, dass sich die Bevölkerung beteiligt, die Fehlerquote bei den Hinweisen ist allerdings relativ hoch.

Es war anzunehmen, dass es dem Täter gelungen war, aus Lauterach zu flüchten. Auch wenn wir nicht wussten, wie das möglich war, entschieden wir uns nach 90 Minuten, die Alarmfahndung abzubrechen.

Ich bat die LKA-Streifen über Funk, auf unsere Dienststelle einzurücken, um uns dort zu einer Besprechung zu treffen.

Mein Mitarbeiter und ich parkten in der Tiefgarage und gingen in unseren Journaldienstraum. Dieser Raum bildet sozusagen die Zentrale des Landeskriminalamts. Vier Beamte machen dort rund um die Uhr Dienst und sind Ansprechpersonen für den kriminalpolizeilichen Bereich. Ich wollte mich erkundigen, ob es ev. noch Hinweise zum Täter gegeben hatte. Gleichzeitig teilte ich den Kollegen mit, dass sie den eintreffenden Beamten sagen sollen, dass um 16.00 Uhr eine Besprechung in unserem Besprechungsraum stattfinden werde.

Banküberfall

Plötzlich, es war kurz nach 15.00 Uhr, hörte ich im Funk, wie ein Beamter der Polizeiinspektion Bregenz relativ ruhig, aber laut, in den Funk *„Alarmfahndung"* rief. Kurz danach folgten die Worte *„Banküberfall Sparkasse Vorkloster!"*

Mit Blaulicht und Martinshorn, das in der Stadt unbedingt notwendig war, rasten wir zu besagter Bank. Wir waren gerade auf der Bahnhofstraße unterwegs, als im Funk die Personenbeschreibung: *„Mann, 180 cm groß, Vollbart, schwarze Jacke, Jeans, graue Kappe. Täter ist bewaffnet."* durchgegeben wurde.

Es war die Beschreibung jenes Mannes, der knapp drei Stunden vorher in Lauterach drei Frauen attackiert hatte.

Fast gleichzeitig mit uns traf auch die Streife unserer Raubgruppe ein. Mit dem Leiter dieser Gruppe besprach ich die weitere Vorgangsweise.

Klar war, dass auch dieser Fall vom LKA übernommen wird.

Vorerst gab es aber nur ein Ziel: den Täter zu finden und festzunehmen.

Am Tatort waren schon mehrere Streifen der Polizeiinspektion Bregenz, die Stadtpolizei Bregenz war ebenso vor Ort wie die Cobra. Aber der Täter war natürlich schon weg.

Ein offensichtlich schwer verletzter Mann wurde von der Rettung auf einer Bahre aus der Bank gebracht. Die ersten Beamten, auch unsere „*OSE*", waren in der Bank und versuchten, die geschockten Mitarbeiter zu befragen bzw. die Videoüberwachung auszuwerten.

Ein „*OSE*"-Mitarbeiter teilte kurz danach mit, dass sie Bilder des Täters hatten.

Über Funk gab ich ein paar Infos an die Einsatzzentrale weiter. Diese hatten wir schon zuvor eingerichtet, heute hatten unsere Kollegen in dieser Zentrale Hochbetrieb. Ein junges Paar, das mit einem Kinderwagen spazieren ging, kam zu mir. Der Mann sprach mich leise an und fragte, ob ich hier zuständig sei, was ich bejahte. Dann fragte er mich, ob wir einen Mann suchen würden, der Richtung Bregenz gerannt wäre. Auch das beantwortete ich ihm mit ja. Dann, sehr zu meiner Überraschung, sagte er mir, dass er den Mann kenne. Er beschrieb den Mann entsprechend gut. Der junge Mann, er war sichtlich aufgeregt, sagte mir, dass er mit dem Flüchtenden in die Schule gegangen sei. Er nannte mir einen Namen, wobei er sich beim Familiennamen nicht mehr ganz sicher war, und das Alter. Er sagte, dass der Mann früher in Bregenz gewohnt habe, den jetzigen Wohnort kenne er nicht.

Volltreffer! Das war die beste Info des Tages.

Sofort gab ich über Funk diese neuen Infos an die Zentrale zur weiteren Abklärung weiter.

Doch was war eigentlich in der Bank passiert?

Der Ablauf in der Bank konnte anhand der Videoaufnahmen und der Zeugenvernehmungen sehr gut rekonstruiert werden.

Dort war genau ersichtlich, dass der Täter kurz nach 15.00 Uhr vor dem Bankgebäude umherspazierte. Nach ein paar Minuten betrat er die Bank und hielt sich dann fast zwölf Minuten bei einem SB-Terminal in der Bank auf. Danach begab er sich zum Schalter des 41-jährigen Marco. Der Bankangestellte hatte gerade einen Kunden und ging mit diesem zum Geldautomaten. Der Täter versuchte, mit Marco Kontakt aufzunehmen, dieser kam jedoch nicht zustande.

Während Marco dem Kunden am Automaten etwas erklärte, bereitete sich der Täter in einem für die anwesenden Personen schlecht einsehbaren Bereich der Bank vor. Er zog die Pistole aus der linken Hosentasche. Er hantierte kurz damit. Er entsicherte die Waffe und spannte den Abzugshahn.

Er nahm die Waffe in die rechte Hand und ging zielstrebig zu Marcos Standort. Als er knapp hinter dem Bankangestellten stand, drückte er – ohne etwas zu sagen – ab und schoss dem Angestellten in den Nacken. Ein Gasausstoß war auf dem Video gut erkennbar.

Marco spürte den Schmerz in seinem Nacken und drehte sich um. Der Täter senkte die Waffe vorerst kurz ab, brachte die Waffe aber gleich wieder in Schussposition und richtete diese erneut auf Marco. Marco brach aufgrund der Schmerzen des ersten Schusses zusammen und fiel zu Boden. Der Täter schoss trotzdem noch mehrmals auf den am Boden liegenden Mann. Dann verließ er die Bank, kam aber gleich wieder durch die Eingangstüre zurück und zielte erneut auf den Mann. Erst dann flüchtete der Täter mit der Waffe in seiner rechten Hand aus der Bank und danach Richtung Bregenz-Zentrum.

Während der ganzen Aktion sprach er kein Wort.

Der Bankmitarbeiter erlitt durch die Schüsse lebensgefährliche Kopfverletzungen.

Marco wurde vom Notarzt in der Bank erstversorgt und dann ins Spital gebracht. Dort wurde er – wie zuvor schon die Rentnerin in Lauterach – stationär im Krankenhaus Bregenz aufgenommen und sofort operiert.

Die Alarmfahndung war in vollem Gange. Aufgrund der Ereignisse in Lauterach und Bregenz wurde eine sogenannte „BAO" einberufen. Eine BAO wird nur bei ganz besonderen Ereignissen mobilisiert, besteht aus Führungskräften der Behörde und der Polizei und ist genau strukturiert, d.h. es gibt verschiedene Teilbereiche, denen von vornherein Aufgaben zugewiesen sind. In Theorie wurde das öfters mal geprobt, aber so ein Ernstfall ist doch eine ganz andere Sache.

Jedenfalls war es so, dass unsere Einsatzzentrale plötzlich keinen Platz mehr hatte, da zahlreiche Vertreter der Behörden beim LKA erschienen. Die BAO wurde in dem Raum eingerichtet, in dem normalerweise auch unsere Einsatzzentrale war. Also hieß es improvisieren.

Der Leiter der BAO übernahm sofort das Kommando und beorderte eine Vielzahl an Polizeikräften nach Bregenz. In einem Punkt waren sich alle einig. Der Täter musste rasch gefasst werden, in der Bevölkerung herrschte aufgrund der Vorfälle eine enorme Unruhe. Zudem war der Mann eine tickende Zeitbombe, niemand konnte wissen, was er als nächstes machen wird.

Viele Gedanken gingen den diensthabenden Polizisten durch den Kopf. Die Angst war groß, dass es noch weitere Verletzte oder evtl. sogar Tote geben könnte.

Ein Kollege des Bezirkspolizeikommandos Bregenz organisierte die Fahndungstätigkeit in der Bregenzer Innenstadt. Er erteilte den Streifen per Funk klare und auch wichtige Anweisungen, die jede Streife zu erfüllen hatte. Die Fahndungsgebiete waren vernünftig eingeteilt, aber es war auch jedem klar: Wenn sich jemand verstecken wollte, dann würde er immer eine Möglichkeit finden. Es war, wie man so schön sagt, die Suche nach der Nadel im Heuhaufen.

Die ortsunkundigen Beamten mussten vom Koordinator des BPK Bregenz genau eingewiesen werden, damit die Fahndung nicht kreuz und quer ging.

> ⓘ Der Leiter der BAO hatte zwei Klassen der Polizeischule von Gisingen nach Bregenz bringen lassen. Klar waren diese jungen Kollegen noch nicht ganz fertig mit der Ausbildung, aber bei Such- und Fahndungsaktionen waren sie eine wertvolle Unterstützung. Sie wurden mit erfahrenen Beamten eingeteilt und an fixen Kontrollpunkten eingesetzt.

Da der Täter laut übereinstimmenden Aussagen zu Fuß geflüchtet war, wurde verstärkt der gesamte öffentliche Verkehr in die Fahndung miteinbezogen. An den Bahnhöfen Riedenburg und Bregenz waren zahlreiche uniformierte Beamte positioniert, die nach dem auffälligen Täter Ausschau hielten.

In den Medien wurden Infos und Warnungen verlautbart. Das ging sehr schnell, da die Zusammenarbeit mit den Medien in solchen Fällen gut klappt.

In den Bussen wurde über die relativ neue Möglichkeit der Öffentlichkeitsfahndung, d. h. die Fahndung wird auf dem Monitor im Bus ausgestrahlt, nach dem Mann gefahndet. Aber auch intern wurden alle Möglichkeiten ausgeschöpft.

Die Zeit verging.

Ab und zu gingen Hinweise ein, die dann von einer oder mehreren Streifen, fallweise auch von der Cobra, überprüft wurden, aber es war einfach nichts Hilfreiches dabei.

Einvernahmen

Aber nicht nur die Fahndung musste funktionieren. Eine der wichtigsten Aufgaben für die Kriminalpolizei war auch die Befragung aller Beteiligten. Da die Fahndungsmaßnahmen zu einem großen Teil von der BAO und dem BPK Bregenz koordiniert wurden, hatten wir in diesem Bereich weniger zu tun.

Umso mehr Arbeit verursachte die Koordination der zahlreichen

Zeugen. Den Teams, die jeweils aus zwei Beamten bestanden, wurden von mir, als kriminalpolizeilichem Leiter des Falls, die einzelnen Zeugen zugewiesen. Dabei war die Einsatzzentrale wieder einmal eine große Hilfe, da sie alle Aufgaben und somit auch die Aufträge zu den Einvernahmen protokollierte und die Erledigungen kontrollierte.

Die Vernehmungen erfolgten größtenteils in den Büroräumen des Landeskriminalamts. Aufgrund der beengten Platzsituation wich das eine oder andere Team auf die Polizeiinspektion Bregenz oder zum Teil auch auf andere Dienststellen aus.

Dieser Teil der Arbeit war für einen Kriminalbeamten mehr oder weniger Routine. Jeder einzelne wusste genau, was bei so einer Vernehmung wichtig war und brachte das auch entsprechend zu Papier. Die Zeugen wurden von der Bank direkt mit einem Polizeiauto zu einer Dienststelle gebracht, damit sie nicht selbst fahren mussten. Es war eine Selbstverständlichkeit, dass man ihnen vor der Vernehmung Kaffee, Wasser oder Limo offerierte. Nach der Vernehmung wurde ihnen angeboten, sie nach Hause oder zurück zur Bank zu bringen. Die meisten Zeugen nahmen diese Möglichkeiten gerne in Anspruch.

Zurück zur Fahndung nach dem Täter

Inzwischen setzte der frühe Abendverkehr, der normalerweise ab 17.00 Uhr sehr viel Stau in Bregenz verursachte, ein und erleichterte die Fahndungstätigkeit in keiner Weise. Die Verkehrslawine staute sich noch mehr als sonst durch die Straßen in Bregenz. Da half auch kein Ausweichen auf die Nebenstraßen, da die Stadt aufgrund der intensiven Fahndung praktisch abgeriegelt worden war. Manch ein Autofahrer warf den Polizisten vor, sie sollen nicht so übertreiben, die Polizisten würden den ganzen Verkehr behindern. Sie sollten den Mann *„halt fangen"*, war öfters zu hören. Das sind aber nur ein paar Beispiele, die sich die Kollegen anhören mussten.

Viele Polizisten hätten auch schon Dienstschluss gehabt und wären sicherlich auch gerne zu ihren Familien gefahren. Trotzdem beteiligten sie sich noch mit vollem Elan an der Fahndung. In der Zentrale, bei den Kollegen der BAO, machte man sich inzwischen schon ernsthaft Gedanken, wie es weitergehen sollte. Die Alarmfahndung im Raume Bregenz lief nun schon weit über zwei Stunden. Normalerweise wäre eine Alarmfahndung nach maximal einer Stunde beendet worden. Aber an diesem Tag war alles anders. Noch immer gab es keinen Hinweis auf den Aufenthaltsort des Mannes.

Er war einfach spurlos verschwunden.

In der BAO-Zentrale waren alle Streifen auf mehreren Wandtafeln aufgelistet. So viel Polizei auf den Bregenzer Straßen hatte es schon lange nicht mehr gegeben. Aber es war notwendig. Der Mann musste erwischt werden, bevor etwas noch Schlimmeres passierte. In der BAO überlegte man sich zwischenzeitlich, wie man ausreichend Personal organisieren könnte, falls der Täter bis zum Abend nicht festgenommen worden wäre. Die Beamten, die schon seit Stunden an der Fahndung beteiligt waren, konnten unmöglich noch die ganze Nacht weitermachen.

Ein Ende des Einsatzes war in keiner Weise absehbar. Man stellte sich schon auf eine lange Nacht ein.

In der BAO gibt es einen Unterbereich, der für die Verpflegung der Beamten zuständig ist. Wer jetzt der Meinung ist, dass das ein Luxus für die Beamten sei, den muss ich auf den Boden der Realität zurückholen. Alle Beamten wurden von dem plötzlichen Einsatz überrascht und standen danach stundenlang an den Kontrollpunkten. Sie hatten gar keine Möglichkeit, einmal kurz in einen Laden zu fahren, damit sie sich vielleicht mal etwas zu trinken oder eine Kleinigkeit zu essen holen können. Sie durften den jeweiligen Standort ja nicht verlassen. Da darf man schon erwarten, dass der Dienstgeber den Leuten eine Kleinigkeit zukommen lässt. Der Leiter dieses Unterbereichs organisierte eine abkömmliche Streife und wies sie an, die einzelnen Kontrollpunkte anzufahren.

Festnahme

Plötzlich ging es rund in der BAO, über Notruf war eine Mitteilung eingelangt, dass ein Mann den Täter im Bereich der Omnibusse am Bahnhof Bregenz gesehen hatte. Sofort wurden die am Bahnhof stehenden Streifen davon in Kenntnis gesetzt. Es war ein Zufall, dass eine junge Frau einer Streife der Stadtpolizei Bregenz auch noch gemeldet hatte, dass sie den Mann am Busbahnhof gesehen habe. Sie zeigte der Streife den genauen Standort. Die Kollegen konnten den verwahrlosten Mann bereits aus einiger Entfernung wahrnehmen. Es war schon seltsam, dass der Mann, der eigentlich aufgrund seines Aussehens jedem auffallen hätte müssen, so lange nicht gefunden werden konnte. Aber jetzt war es so weit, die beiden entscheidenden Hinweise waren eingegangen.

Und nun ging alles sehr schnell!

Es blieb nicht mehr genug Zeit, um die Cobra-Beamten dorthin zu schicken. Es waren zwei Polizeistreifen vor Ort. Diese wussten genau, was sie nun zu tun hatten. Nachdem sie sich davon überzeugt hatten, dass es wirklich der Mann war, nach dem gefahndet wurde, befahl der ranghöchste Beamte den Zugriff. Die vier Beamten rannten zu dem Mann und schrien ihn an, dass er sich auf den Boden legen solle. Zwei der Beamten hatten die Pistole gezogen. Der Mann reagierte überhaupt nicht. Er hatte eine Hand in der Jackentasche. Die Beamten mussten damit rechnen, dass er plötzlich seine Pistole aus der Jacke zieht. Die lautstarke Aufforderung, seine Hand aus der Jacke zu geben, ignorierte der Mann. Er stand einfach da, als ob ihn das Ganze gar nichts anginge. Sein Blick war starr und auf einen Bus fixiert. Es konnte keiner der einschreitenden Beamten erahnen, was der Mann, der zuvor ja äußerst gewalttätig war, nun machen würde.

Zu diesem Zeitpunkt, es war ca. 18.00 Uhr, war Hochbetrieb auf dem Bahnhofsgelände. Zahlreiche Personen warteten auf ihren Bus, da sie von der Arbeit oder von der Schule nach Hause fahren wollten. Die drohende Gefahr, die von dem Mann ausging, war nicht abschätzbar.

Es blieb den vier Beamten daher nichts anderes übrig, als den Mann sofort widerstandsunfähig zu machen. Dazu griffen sie ihn von zwei Seiten an und rissen ihn zu Boden. Er kam auf seinem Bauch zu liegen. Danach zog ein Beamter die Handschellen aus dem Gürteletui und legte diese dem Mann an. Seine Arme hatten sie zuvor auf den Rücken gezogen.

Es galt hier, dass die Sicherheit der Leute am Bahnhof, aber auch der Polizisten, absolut an erster Stelle stehen musste.

Den Rucksack, den der Mann – nicht wie üblich auf dem Rücken – sondern vor seinem Bauch getragen hatte, nahmen ihm die Beamten ab. Die Beamten öffneten den Rucksack nicht, da sie nicht wussten, was der Mann darin verwahrt hatte. Zudem hatten sie die Anweisung, alle mitgeführten Gegenstände vorerst nur sicherzustellen. Die Sichtung und die Beurteilung dieser Gegenstände hatten danach die Sachbearbeiter des Landeskriminalamts zu machen. Darum legte ein Beamter den ungeöffneten Rucksack gleich in den Kofferraum des Dienstfahrzeugs.

Der Mann ließ sich ohne großen Widerstand festnehmen. Es ging auch alles recht schnell. Die LLZ hatte zuvor schon weitere Streifen verständigt, damit diese zum Busbahnhof fahren. Der Täter wurde von den Beamten der Cobra, die nachdem der Hinweis eingelangt war, aus der LPD *„stürmten"* und zum Bahnhof rannten, übernommen, in ein Blaulichtfahrzeug gesetzt und zum Landeskriminalamt gefahren. Sie hätten die paar Meter mit dem Täter natürlich auch zu Fuß gehen können, der Bahnhof liegt ja genau gegenüber dem Polizeigebäude. Aber auch hier stand die Sicherheit an vorderster Stelle.

Bei dieser Festnahme dauerte es nicht lange, bis ein Video auf einem türkischen Kanal im Internet auftauchte. Das Video zeigte – in schlechter Qualität – die Festnahme des Täters. Titel des Videos war, wie könnte es anders sein: *„Brutale Polizeigewalt in Bregenz"*.

Die Cobra-Beamten lieferten den Täter bei uns im Landeskriminalamt sozusagen *„frei Haus"* ab. Der Mann wurde in einen Vernehmungsraum gebracht und dort von den Cobra-Beamten perlustriert. Er hatte keine gefährlichen Gegenstände am Körper bzw. in seiner Kleidung.

Ein Kollege der Spurensicherung kam mit einem Fotoapparat in den Vernehmungsraum. Auf der einen Seite hatte er die (körperliche) Durchsuchung des Beschuldigten zu dokumentieren, insbesondere auch deshalb, damit später nicht behauptet werden konnte, man habe den Mann verletzt, auf der anderen Seite kümmerte er sich aber auch gleich um den Inhalt des Rucksacks.

Zwei Kollegen der BAO standen in unserer Nähe und wollten wissen, ob das der Täter sei. Auf den Straßen in Bregenz herrschte seitens der Polizei immer noch Hochbetrieb. Es war höchste Zeit die Alarmfahndung für diesen Bereich aufzuheben, aber das war natürlich erst möglich, wenn 100-prozentig klar war, dass der richtige Täter festgenommen worden war.

Der mutmaßliche Täter schwieg, aber Erleichterung gab es, nachdem der Rucksack durchsucht worden war. Dort konnten eine geladene CO_2-Waffe, sogar noch mit Schalldämpfer und einige Packungen Munition gefunden werden. Die restlichen Gegenstände im Rucksack waren nicht relevant.

Die Vernehmung des Festgenommen stellte sich sogleich als schwierig heraus. Der Mann hatte ganz offensichtlich eine schwere psychische Erkrankung und war in keiner Weise vernehmungsfähig. Nicht einmal eine einfache Befragung konnte durchgeführt werden, da der Mann nur komische Laute von sich gab. Sogar bei seinen Personalien, wie z. B. Name und Geburtsdatum, kamen die Beamten nicht weiter. Er redete immer nur wirres, zum Teil unverständliches Zeug.

Entwarnung

Endlich war es so weit. Wir konnten Entwarnung geben. Wir hatten den richtigen Mann festgenommen. Da gab es keinerlei Zweifel. Ich teilte das den Kollegen der BAO mit, die wiederum der Landesleitzentrale den Auftrag erteilten, die Alarmfahndung aufzuheben und alle beteiligten Beamten für eine kurze Besprechung in die Direktion zu beordern. Im

Speisesaal der Landespolizeidirektion, es war der einzige Raum im ganzen Gebäude, der genug Platz für die große Anzahl an Polizisten bot, versammelten sich die Beamten. Es war inzwischen 19.00 Uhr.

Landespolizeidirektor Dr. Hans Peter Ludescher begrüßte alle Beamten persönlich. In seiner kurzen Rede bedankte er sich für das engagierte Mitwirken bei den einzelnen Aufgaben. Dr. Ludescher erteilte mir noch das Wort für eine kurze Zusammenfassung des Sachverhalts.

> Auch ich nutzte die Möglichkeit und bedankte mich – auch im Namen aller Kripo-Beamten – sehr herzlich für die Mitarbeit. Ich betonte wieder einmal, dass wir als Team stark seien. Das habe an diesem langen Nachmittag sehr gut funktioniert. Ich schilderte den Ablauf der beiden brutalen Angriffe und sagte ihnen auch, dass es beiden Opfern den Umständen entsprechend gut gehe. Sie müssten allerdings noch einige Tage im Spital bleiben.

Für die meisten Beamten ging der ereignisreiche Nachmittag langsam zu Ende. Ein paar Amtsvermerke noch, die internen Erledigungen austragen und dann war für viele Kollegen Dienstschluss.

Für die Kripo-Beamten begann nun die weitere Arbeit. Der Staatsanwalt erwartete bereits meinen Anruf. Er war, man konnte es am Telefon hören, auch erleichtert, dass die Fahndung beendet werden konnte.

Das nächste Telefonat führte ich mit dem Poolarzt der Polizei. Poolärzte sind speziell ausgebildete und geschulte Ärzte, die u. a. die Haftauglichkeit von festgenommenen Personen überprüfen. Er kam kurze Zeit später auf die Dienststelle und untersuchte den Häftling. Es war eigentlich nicht üblich, dass sich die Polizei bei so einer Untersuchung im Raum aufhielt. Der Poolarzt ersuchte uns aber, dass wir dabei sein sollten, da er mit dem Mann schon zu tun hatte und diesen als sehr gefährlich einstufe.

Der Arzt erklärte uns, dass der Mann nicht hafttauglich sei und daher in das Landeskrankenhaus Rankweil eingeliefert werden müsse. Er werde eine entsprechende Einweisung ausstellen. Gut, damit hatten wir eigentlich schon gerechnet, aber jetzt tauchte für uns das nächste

Problem auf. In solchen Fällen ist normalerweise eine Bewachung im Landeskrankenhaus Rankweil nicht vorgesehen. Im Hinblick auf die Gewalttaten, die der Mann begangen hatte, erachteten aber sowohl der Staatsanwalt als auch wir die Bewachung für unbedingt notwendig. Zum Glück hatte bei der Justizwache ein Beamter Dienst, der den ganzen Ablauf mitbekommen hatte. Normalerweise gibt es bei solchen Einweisungen immer Diskussionen, wer für die Bewachung zuständig ist, aber der Justizwachebeamte übernahm die Angelegenheit sofort.

Die Einlieferung in das Landeskrankenhaus Rankweil wurde dann von LKA- und Cobra-Beamten durchgeführt. Dabei gab es keinerlei Probleme.

Die Vernehmungen der restlichen Beteiligten als auch der Zeugen konnte noch an diesem Abend abgeschlossen werden. Die einzelnen Vernehmungsteams brachten die Protokolle der Einsatzzentrale, die diese für uns Sachbearbeiter sammelte. Zusätzlich machten sie einen Vermerk in ihrem Protokoll, dass die jeweilige Vernehmung beendet wurde und die Person nach Hause gehen konnte.

Der Stapel mit den unterschriebenen Protokollen wurde auf dem Tisch der Einsatzzentrale immer höher, das war auch positiv, da es ein Zeichen war, dass die Arbeit langsam weniger wurde. Die Spurensicherung war noch auf Hochtouren mit der Spurenauflistung beschäftigt. Die Gegenstände aus dem Rucksack mussten selbstverständlich aufgelistet und fotografiert werden.

Die erkennungsdienstliche Behandlung, d. h. die Abnahme von Fingerabdrücken, DNA und das Erstellen von Fotos des Beschuldigten wurde von den Spurensicherer noch vor der Einlieferung des Täters nach Rankweil durchgeführt.

Vernehmung der Opfer

Beide Opfer konnten im Krankenhaus kurz zur Sache befragt werden. Sie waren durch den Schock und die notwendigen Operationen aber sichtlich mitgenommen, weshalb nur ein paar wenige, wesentliche Punkte gefragt wurden. Mit beiden Opfern wurde vereinbart, dass die Vernehmung zu einem späteren Zeitpunkt, wenn sie aus dem Krankenhaus entlassen wären und es ihnen wieder besser gehe, durchgeführt würden. Sowohl Helen als auch Marco waren damit einverstanden.

Helen konnte relativ schnell zum Sachverhalt schriftlich vernommen werden. Sie wurde nach ein paar Tagen bereits aus dem Krankenhaus entlassen. Sie schilderte recht genau den Ablauf des Tages. Sie war psychisch immer noch stark beeinträchtigt.

Marco konnte erst gut eine Woche nach dem Vorfall befragt werden. Sein Krankenhausaufenthalt dauerte länger. Auch er war psychisch stark mitgenommen, was natürlich verständlich war. Er konnte den Ablauf recht gut schildern, er habe Markus, der früher mal sein Kunde gewesen sei, in der Bank gesehen. Es habe mit Markus immer wieder Probleme gegeben, da er – so das Opfer – ein schwieriger Kunde gewesen sei, der seit langem nur Sozialhilfe bezogen habe. Markus, dessen Konto von der Bank vor 14 Tagen gekündigt worden war, habe offensichtlich wieder etwas von ihm wollen. Da er aber einen anderen Kunden betreut habe, habe er für den ehemaligen Bankkunden keine Zeit gehabt. Er habe Markus dann aus den Augen verloren. Plötzlich habe er ein brennendes Stechen in seinem Nackenbereich gespürt. Da die Schmerzen sehr stark gewesen seien habe er sich auf den Boden fallen lassen. Dabei habe er Markus, der mit einer großen, langen Pistole auf ihn gezielt habe, gesehen. Danach habe er nur noch seine Arme schützend vor den Kopf gehalten und gehofft, dass er überleben würde.

Marco schilderte in der Vernehmung auch, dass es für ihn ein Horror gewesen sei. Er wisse nicht, ob er wieder einmal an einem Bankschalter arbeiten könne.

Begutachtung der Opfer

Der Staatsanwalt beauftragte Dr. Walter Rabl vom Gerichtsmedizinischen Institut Innsbruck als Sachverständigen. Dr. Walter Rabl hatte beide Opfer zu untersuchen und eine medizinische Stellungnahme zu den Verletzungen abzugeben.

Nach Einsicht in die Krankenhausunterlagen und den persönlichen Untersuchungen stellte Dr. Walter Rabl in seinem Gutachten fest, dass durch die Vorgangsweise des Täters und die Verletzungen der Opfer für beide Personen eine konkrete Lebensgefahr bestanden habe.

Beide Personen hatten großes Glück, da bei der CO_2-Waffe die Projektile meistens nicht weit in den Körper eindringen. Schwerere Verletzungen sind aber trotzdem möglich. Im konkreten Fall waren diese Verletzungen sogar mit Lebensgefahr verbunden.

Psychiatrisches Gutachten

Seitens des LKA wurde bei der Staatsanwaltschaft Feldkirch angeregt, einen psychiatrischen Sachverständigen zu beauftragen, den Gesundheitszustand des Täters zu überprüfen. Das wurde von der Staatsanwaltschaft auch angeordnet. Dr. Reinhard Haller wurde als Sachverständiger bestellt.

Dr. Reinhard Haller führte mit dem Beschuldigten mehrere Gespräche und kam in seinem Gutachten zu der Feststellung, dass der Mann seit mehreren Jahren an einer schweren psychischen Erkrankung (paranoide Schizophrenie) litt. Aufgrund dieser Geisteskrankheit war er, aus ärztlicher Sicht, zum Zeitpunkt der Taten nicht zurechnungsfähig.

Aus gutachterlicher Sicht lagen die Voraussetzungen für eine Einweisung des Täters in eine Anstalt für geistig abnorme Rechtsbrecher vor. Die Gefährlichkeit des Beschuldigten und die schlechte Zukunftsprognose führte der Sachverständige ergänzend an.

Sicherheitspreis

Drei Personen waren für die Polizei wichtige Zeugen. Während der erste Zeuge bei der Bank den Hinweis auf den Täter gab, konnten die beiden weiteren Personen den Mann beim Bahnhof erkennen und meldeten das sofort der Polizei. Dadurch konnte der Täter schlussendlich auch festgenommen werden.

Aufgrund dieser besonderen Leistungen schlug ich die drei Zeugen für den Sicherheitspreis des KSÖ vor. Die Kommission teilte meine Meinung und so wurden die drei Personen im Rahmen einer netten Feier im Publikumssaal des ORF in Dornbirn ausgezeichnet.

Urteil

Die Bearbeitung des Sachverhalts dauerte gut drei Monate, Anfang Jänner 2018 wurde der Abschluss-Bericht an die Staatsanwaltschaft Feldkirch übermittelt.

In einer späteren Gerichtsverhandlung, bei der auch die beiden Gutachter als Sachverständige geladen waren, wurde Markus aufgrund der beiden schweren Straftaten und seiner psychischen Erkrankung auf unbestimmte Zeit in eine Anstalt für geistig abnorme Rechtsbrecher eingewiesen.

NORBERT SCHWENDINGER PERSÖNLICH

Inwieweit sind die Sachverständigen in die Ermittlungstätigkeiten eingebunden?

Es kommt darauf an, was für ein Sachverständiger von der Staatsanwaltschaft für den Fall bestellt wird. Die Gerichtsmedizin wird sehr rasch in die Ermittlungen (z. B. Obduktion) eingebunden. Andere Sachverständige können erst später tätig werden, wenn gewisse Ermittlungen schon gemacht worden sind. Ein Psychiater kann bspw. relativ rasch mit seiner Arbeit beginnen, andere Gutachter wie Brand- oder Waffengutachter benötigen zuerst gewisse Ermittlungs- oder Untersuchungsergebnisse. Die Durchführung von Ermittlungen ist immer Aufgabe der Polizei.

Dank

Schon Monate vor meiner Pensionierung wurde ich mehrfach gefragt, ob ich es in Betracht ziehe, ein Buch zu schreiben. Eine Anfrage des Verlags edition V ließ die Idee konkret werden und so darf ich mich bei nachstehenden Personen speziell bedanken.

- Mag. Nina Winkler vom Verlag edition V für die hervorragende Unterstützung sowie für das kritische Lektorat. Ohne sie wäre dieses Buch nicht entstanden.
- Thomas Steiner vom Verlag edition V für die Vermarktung und die Betreuung
- Tobias Rümmele für die Gestaltung und die Grafik
- Patrick Steiner für die professionellen Fotos
- Peter Natter für das Korrektorat
- Dr. Walter Rabl für das Vorwort und die fachliche Beratung
- Dr. Reinhard Haller für das Vorwort
- Gerhard Sohm und dem ganzen Russmedia-Team
- Und stellvertretend für die *„Probeleser"* bei meinem Bruder Wolfgang Schwendinger sowie bei allen anderen Personen, die mich unterstützt haben.

Glossar

AB	Abkürzung für Assistenzbereich
adjustieren	sich mit der polizeilichen Ausrüstung versehen
Alarmfahndung	Großfahndung bei schwersten Delikten - alle Polizisten, die im Dienst sind, haben sich daran zu beteiligen
AV	Amtsvermerk (bestimmte Form des polizeilichen Schriftverkehrs)
BAO	Spezialbegriff innerhalb der Sicherheitsexektutive - bei schweren, aufsehenerregenden Ereignissen wird diese Organisation (Zentrale), die genau strukturiert ist, eingerichtet
BKA	Bundeskriminalamt
BLS	Bezirksleitstelle der Polizei, zuständig für die Koordination im Bezirk, seit 2020 wird dies von der LLZ übernommen
BPK	Bezirkspolizeikommando - zuständig für die polizeiliche Koordination innerhalb eines Bezirkes
Cobra oder EKO Cobra	Sondereinsatzgruppe der Polizei, die für Einsätze gegen gefährliche Täter u.a. zuständig ist
EB	Abkürzung für Ermittlungsbereich
Einsatzzentrale	wird bei Großereignissen beim LKA eingerichtet, koordiniert und protokolliert die Maßnahmen
erkennungsdienstliche Behandlung	Abnahme von Fingerabdrücken, DNA und Anfertigung von Fotos für eine zentrale Speicherung
Ermittlungsbereich Leib/Leben	Ermittlungsgruppe des Landeskriminalamtes, die für die schwersten Delikte (Mord, Erpressung u. a) zuständig sind
Glock 17	Dienstwaffe der österreichischen Polizei
GMI	Gerichtsmedizinisches Institut der Universität Innsbruck
Gruppe Sitte	Ermittlungsbereich Sexualdelikte
IT-Abteilung	Assistenzbereich innerhalb des Landeskriminalamtes, die bspw. für die Auswertung von EDV-Geräten zuständig sind
Journaldienst des LKAs	heute 4 Beamte, die 24 Stunden Dienst machen und für den kriminalpolizeilichen Bereich in Vorarlberg zuständig sind, es ist eine Koordinations- und Führungsstelle im Kriminaldienst
Journaldienstraum	Koordinationsraum auf jeder Polizeidienststelle
Journalstaatsanwalt	bei der Staatsanwaltschaft ist ein Bereitschaftsdienst eingerichtet, der telefonisch rund um die Uhr für die Polizei erreichbar ist
KIT	Kriseninterventionsteam - betreut Opfer und Angehörige nach schweren Ereignissen
KKD	Koordinierter Kriminaldienst = Spurensicherung im Bezirk, Vorarlberg hat seit Jahren ein spezielles System, der Arbeitsverteilung im Bereich der Spurensicherung

kontradiktorische Vernehmung	Bei einer kontradiktorischen Vernehmung im Rahmen eines Strafprozesses wird die Zeugin/der Zeuge gesondert befragt, sodass die Beschuldigte/der Beschuldigte und die Zeugin/der Zeuge nicht direkt zusammentreffen. Die kontradiktorische Vernehmung wird auch "schonende" Vernehmung genannt.
Kriminologen	analysieren die Ursachen und Auswirkungen kriminellen Verhaltens in der Gesellschaft
Kriminologie	Lehre vom Verbrechen
Kripo	allgemeiner Begriff für Kriminalpolizei
KSÖ	Kuratorium Sicheres Österreich
Lage am Tatort	typischer Polizeibegriff, man verschafft sich einen Überblick über die Situation am Tatort
LKA	Landeskriminalabteilung (pro Bundesland eine Dienststelle)
LKA-Streifen	Streifen des Landeskriminalamtes, die in Zivil Dienst verrichten
LPD	Landespolizeidirektion (pro Bundesland eine Direktion)
Morddezernat	allgemeiner Begriff in der Öffentlichkeit für die Gruppe Leib/Leben des LKA, die neben vielen anderen Bereichen auch die Morde bearbeitet
Obduktion	Eine Obduktion ist eine innere Leichenschau (Leichenöffnung) zur Feststellung der Todesursache und zur Rekonstruktion des Sterbevorgangs. Diese Art der Leichenschau wird von Rechtsmedizinern (Forensikern) durchgeführt, wobei ihnen Prosekturgehilfe assistieren. (Quelle: Wikipedia)
OSE	Assistenzbereich innerhalb des Landeskriminalamtes, die u. a. für die Sicherung von Videoaufnahmen zuständig sind
perlustriert	polizeilicher Begriff für die Personendurchsuchung
PI	Polizeiinspektion - örtliche Polizeidienststelle
PKZ Schaanwald	Polizeikooperationszentrale für Schweiz/Liechtenstein und Österreich, zuständig für die gegenseitige polizeiliche Auskunftserteilung
Poolärzte	speziell ausgebildete Ärzte, die für die Unterstützung der Polizei installiert wurden, sie machen Totenbeschau, Haftprüfungen u. ä.
priorieren	überprüfen, ob es Vormerkungen zur Person gibt
RFL	Rettungs- und Feuerwehrleitstelle in Feldkirch - zuständig für Rettungs- und Feuerwehreinsätze sowie Koordingationsstelle bei Katastrophen
SEK	Deutsche Sondereinsatzgruppe – ähnlich wie die Cobra in Österreich
Sektorstreife	Eine Streife der Polizeiinspektion, die normalerweise in ihrem Bereich ("Sektor") unterwegs ist. Die Sektorstreife kann auch von Beamten von zwei Nachbardienststellen gefahren werden.
Tatortgruppe	Assistenzbereich innerhalb des Landeskriminalamtes, die u. a. für die Spurensicherung zuständig sind
Übertötung (Overkill)	einen Gegner mehr als einmal zu vernichten
Zodiak	Serienkiller in der USA